Mots et contexte

Thematischer
Oberstufenwortschatz
Französisch

Neubearbeitung

von Wolfgang Fischer
und Anne-Marie Le Plouhinec

Ernst Klett Sprachen
Stuttgart

Mots et contexte

Thematischer Oberstufenwortschatz Französisch

Neubearbeitung

von Wolfgang Fischer
und Anne-Marie Le Plouhinec, Sindelfingen.

Bildquellen

Bildarchiv Preußischer Kulturbesitz, Berlin: 30; CCC/www.c5.net, München: 186 (Fritz Behrendt); Plantu, Paris: 52; 106; 132; 152; 138; Collection Christophe L: 170; Corbis, Düsseldorf: 68; 160 (de Selva); DPA, Frankfurt: 18; 208; Gamma, Vanves Cedex: 22 (Raphael Gaillarde); 34; Getty Images, München: 92; Hartmut Klotzbücher, Elmshorn: 196; Klett-Archiv, Stuttgart: 6 (Joachim Krüger, Korntal); MEV, Augsburg: 26; Le Monde: 114; Rapho, Paris: 14 (François Bibal); 148 (J. M. Armani); P. Soalhat: 166; STUDIO X, Limours: 46; 76

Nicht in allen Fällen war es uns möglich, die Inhaber der Bildrechte ausfindig zu machen. Berechtigte Ansprüche werden selbstverständlich im Rahmen der üblichen Vereinbarungen abgegolten.

1. Auflage 1 4 3 | 2011

Alle Drucke dieser Auflage sind untereinander unverändert und können im Unterricht nebeneinander benutzt werden.
Die letzte Zahl bezeichnet das Jahr dieses Druckes.

www. klett.de / www.lektueren.com

Redaktion: Simone Dreher M.A., Dr. Monika Türk

Umschlag: Nikolaus Keller, Stuttgart
Druck: AZ Druck und Datentechnik, Kempten
Printed in Germany

ISBN: 978-3-12-502784-8

9 783125 027848

Inhalt

Vorwort

Wortschatz will gelernt sein

Jeder Lernende macht schon früh die Erfahrung, dass sich eine Fremdsprache nicht schnell und mühelos ein für alle Mal erwerben lässt. Wie bei vielen anderen Tätigkeiten ist auch hier regelmäßiges Training notwendig.

Wortschatzarbeit ist ein wichtiger Schwerpunkt beim Umgang mit fremden Sprachen, denn mitreden kann nur, wer die für das Thema relevanten Wörter parat hat. Damit die Vokabeln auch im richtigen Augenblick – sei es das Lesen eines Zeitungsartikels, die Behandlung eines Themas im Unterricht oder eine Diskussion mit Freunden in Frankreich – zur Verfügung stehen, müssen sie systematisch gelernt werden. Ungeordnete Einträge ins Wörterheft – frei von inhaltlicher, logischer oder thematischer Anbindung – führen höchstens zu kurzzeitigem Behalten: meist wird aus dem Verzeichnis schnell ein Vokabelgrab.

Die Einordnung in Kontexte begünstigt das Behalten und die Abrufbarkeit des Gelernten. Deshalb sind in *Mots et contexte* die Zielwörter in sinnvolle Zusammenhänge eingebettet, und zwar nicht nur in isolierten Beispielsätzen, sondern in fortlaufenden informativen Texten. Diese können zwar jedes Thema nur anschneiden und deshalb vertiefte landeskundliche Information nicht ersetzen, aber sie veranschaulichen themenbezogenes lexikalisches Material, illustrieren den Gebrauch und helfen Ihnen so, auch anspruchsvollere Texte zu erschließen und über die vorgegebenen Themen situationsgerecht zu sprechen und zu schreiben.

Das Lernvokabular ist im Text rot markiert (Beispiel: **œuvre**) und wird auf der gegenüberliegenden Seite wiederholt und ins Deutsche übersetzt; leicht verständliche Internationalismen oder französische Begriffe, die ins Deutsche eingegangen sind, wurden mit * versehen (Beispiel: ***province**), sie tauchen in den Wortgleichungen nicht mehr auf.

Manche Wörter kommen mehrmals vor; erklärt sind sie in demjenigen Kapitel, zu dem sie thematisch gehören – und das ist nicht immer das erste Auftreten. Das Register im Anhang gibt Auskunft über alle einschlägigen Stellen.

Wie arbeitet man mit *Mots et contexte*?

Lesen Sie den Text zu der Thematik, die Sie im Unterricht behandelt haben, auf die Sie sich vorbereiten wollen, oder die sie ganz einfach interessiert, auf der linken Seite durch. Bei der Lektüre frischen Sie den Ihnen bereits bekannten Wortschatz auf und begegnen dem neuen in einem gebräuchlichen Kontext. Versuchen Sie dabei, die markierten Wörter aus dem Zusammenhang zu verstehen.

Bei Schwierigkeiten hilft Ihnen ein Blick auf die französisch-deutschen Vokabellisten auf der rechten Seite. Als Lernhilfen dienen hier zusätzliche Hinweise auf Wortfamilien, Synonyme, Antonyme, englische Parallelerscheinungen oder besondere Schwierigkeiten (s. u.).

Zur Kontrolle und Sicherung Ihrer Kenntnisse können Sie erst die eine, dann die andere Spalte abdecken oder aber sich die französische bzw. die deutsche Bedeutung abfragen lassen. Außerdem schließt jedes der neun Kapitel mit einer doppelseitigen Wortschatzübung, in der Sie die erworbenen Kenntnisse unter Beweis stellen können. Durch die Beschäftigung mit den einzelnen Kapiteln, sei es in der Schule oder im Eigenstudium, frischen Sie ständig Ihren aktiven und passiven Wortschatz auf, erweitern und festigen ihn.

Und nun viel Erfolg beim Arbeiten mit *Mots et contexte*!

Verwendete Symbole

→ Hinweis auf Wörter der gleichen Familie

→ ⚠ Achtung, aufgepasst!

→ = Synonym

→ ≠ Antonym (Gegenteil)

→ ***E*** verwandtes Wort im Englischen

→ ☹ Vorsicht, Falle! Faux ami!

Géographie

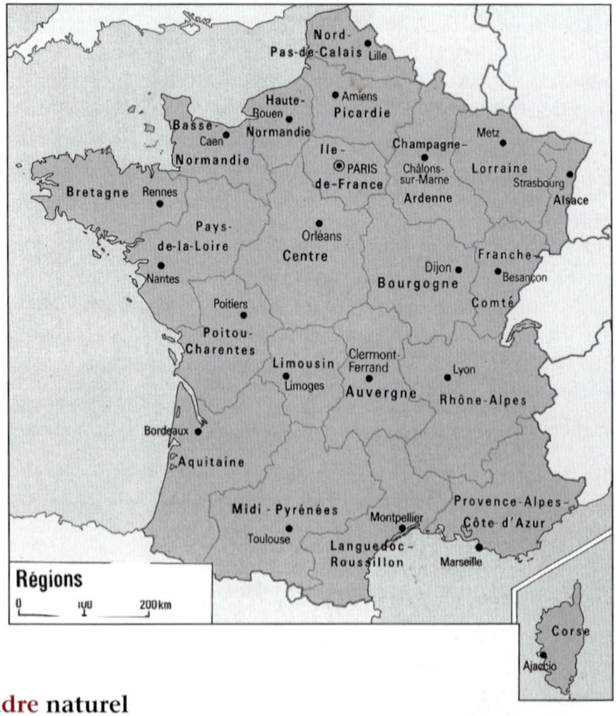

Le cadre naturel

La France a la forme d'un **hexagone** dont les **axes** nord-sud et est-ouest ont une **longueur** d'environ 950 kilomètres. Cinq de ses côtés sont des **frontières** naturelles. La seule frontière **artificielle** se trouve au nord–est, entre la **Mer du Nord** et le Rhin. Le pays a une **superficie** de 551.000 **kilomètres carrés**.

Le ***relief** est très varié : des **plaines** et des **plateaux fertiles**, des **collines**, de vieilles **montagnes** d'**origine volcanique**, mais aussi de hauts **massifs montagneux** dont les **paysages** sont marqués par des **sommets élevés**, des **gorges** et des **vallées** profondes (Alpes, Pyrénées). Les **côtes** sont **bordées** de **plages** de sable ou de **falaises**. De nombreuses **îles**, dont la plus grande est la Corse, font également partie du **territoire** français.

Il y a en France de nombreux **lacs** et **rivières** ainsi que cinq **fleuves** : la Seine, la Loire, le Rhin, le Rhône et la Garonne.

la Corse	Korsika
un cadre	Rahmen
un hexagone	Sechseck
un axe	Achse
la longueur	Länge ➜ *long, longue*
une frontière	Grenze
artificiel, le	künstlich
la Mer du Nord	Nordsee
une superficie	Oberfläche
un kilomètre carré	Quadratkilometer
une plaine	Ebene ➜ ⚠ *plein,e; voll*
un plateau (*pl.* –eaux)	Hochebene, -fläche
fertile	fruchtbar
une colline	Hügel
une montagne	Berg, Gebirge
l'origine *f*	Ursprung
volcanique	vulkanisch
un massif (montagneux)	Berg-, Gebirgsmassiv
un paysage	Landschaft
un sommet	Gipfel
élevé,e	hoch, gehoben
une gorge	Schlucht
une vallée	Tal
une côte	Küste ➜ ⚠ *le côté; Seite*
bordé,e de qc	gesäumt
une plage	Strand
une falaise	Fels-, Steilküste
une île	Insel
le territoire	(Staats)Gebiet
un lac	See
une rivière	Fluss
un fleuve	Fluss (ins Meer mündend)

On retrouve en France la plupart des *climats européens :

- Le climat *océanique, doux en hiver, frais en été, souvent pluvieux, avec du vent et des tempêtes.
- Le climat *continental, caractérisé par des écarts de température très marqués entre l'hiver et l'été et par de fortes précipitations.
- Le climat méditerranéen, aux hivers doux, aux étés très chauds et secs.
- Le climat de montagne, où l'hiver est long et dur, avec de la neige.

Cependant, dans l'ensemble, le climat français est le plus tempéré d'Europe (la moyenne annuelle varie de 10 degrés dans le nord du pays à 15 degrés dans le sud).

La population

La France métropolitaine compte un peu plus de 59 millions d'habitants. La densité de population y est donc beaucoup plus faible qu'en Allemagne. Mais la répartition de la population est très inégale. Les régions les plus peuplées et les plus fortement urbanisées sont la région parisienne, les centres industriels, les côtes (Bretagne, Provence), les plaines et les vallées importantes. Près de trois quarts de la population vivent dans de petites et moyennes villes, et dans les grandes agglomérations ; un fort pourcentage des 36.500 communes est constitué par les villages et hameaux disséminés sur tout le territoire, surtout en montagne et dans les régions au sol pauvre.

Après avoir stagné pendant un demi-siècle, la population de la France a augmenté rapidement entre 1945 et 1965. Ce fait s'explique par le « baby-boom » (l'explosion des naissances), qui a suivi la seconde guerre mondiale, et par l'arrivée en France des rapatriés d'Algérie et de nombreux immigrés.

Cet essor démographique a cessé dans les années 70 : crise économique, planification des naissances et niveau de vie plus élevé ont mené à une baisse de la natalité. Aujourd'hui, on *assiste à une légère remontée du taux de naissances. Cependant, la population française vieillit : malgré la reprise de la natalité, la *proportion des personnes âgées est de plus en plus grande. En effet, grâce aux progrès de la médecine la durée de la vie est en augmentation constante, ce qui fait croître le pourcentage des plus de 60 ans. Ceci risque de poser un problème grave, lorsque la population active sera trop peu nombreuse pour financer les retraites.

doux, douce	mild ➜ *la douceur*
frais, fraîche	kühl, frisch ➜ *la fraîcheur*
pluvieux, -ieuse	regnerisch ➜ *la pluie*
une tempête	Sturm
l'écart *m* de température	Temperaturunterschied
les précipitations *f*	Niederschläge
méditerranéen,ne	Mittelmeer-
sec, sèche	trocken ➜ *la sécheresse*
dur,e	hart
tempéré,e	gemäßigt
la moyenne annuelle	Jahresmitteltemperatur
un degré	Grad
la population	Bevölkerung ➜ ⚠ *le peuple; Volk*
métropolitain,e	zum Mutterland gehörig
un,e habitant,e	Einwohner/in ➜ ***E** inhabitant*
la densité	Dichte ➜ *dense*
la répartition	Verteilung, Aufteilung
inégal,e	ungleichmäßig
peuplé,e	besiedelt
urbanisé,e	verstädtert
un centre industriel	Industriezentrum, -region
une agglomération	Ballungsraum
une commune	Gemeinde
un hameau	Weiler
disséminé,e	verstreut
le sol	*hier:* Boden
pauvre	karg, unfruchtbar
stagner	gleich bleiben, stillstehen, stagnieren
augmenter	zunehmen
l'explosion *f* des naissances	Geburtenexplosion
un,e rapatrié,e	Umsiedler/in; *hier:* Algerienflüchtling
un,e immigré,e	Einwanderer/in
l'essor *m* démographique	Bevölkerungsaufschwung, -zunahme
cesser	aufhören, ein Ende nehmen ➜ = *finir*
la planification des naissances	Geburtenplanung
le niveau de vie	Lebensstandard
la baisse de la natalité	Geburtenrückgang
une remontée	(Wieder)Anstieg
le taux de naissances	Geburtenrate
vieillir	(über)altern ➜ *vieux, vieil, vieille*
la reprise	Aufschwung
les personnes *f* âgées	ältere Menschen, Senioren
la durée	Dauer
une augmentation	Zunahme, (An)Steigen
croître	(an)wachsen, zunehmen ➜ *la croissance*
le pourcentage	Prozentsatz
la population active	erwerbstätige Bevölkerung
la retraite	Rente, Ruhestand ➜ *un,e retraité,e*

Exode rural – exode urbain

Entre 1840 et 1950, la population **urbaine** a augmenté constamment sous la poussée de l'exode rural : de nombreux **ruraux**, surtout des **agriculteurs**, ont quitté leurs **terres** pour aller chercher du travail dans les centres urbains. La **campagne** s'est ainsi **dépeuplée**, pendant que les nouveaux **citadins s'entassaient** dans les **tours** et les **barres d'immeubles** construites à la hâte dans les **banlieues ouvrières**.

Depuis quelque temps, cette tendance s'est **inversée** : la population « **rurbaine** » **délaisse** les grandes **métropoles** et **se transfère** vers les zones **périphériques**, ou vers les communes **rurales** pas trop éloignées des grandes villes.

Ce phénomène récent trouve son origine dans les **inconvénients** de la vie **citadine**, mais aussi dans la politique de **décentralisation** : les différents **plans d'aménagement** du territoire (p. ex. **métropoles régionales d'équilibre**, développement des **moyens de communication**) ont rendu la vie en ***province** plus **attrayante** aux yeux de nombreux Français.

L'agglomération parisienne

Paris, capitale politique et économique

A partir du Moyen-Age, Paris est devenu peu à peu le centre **incontesté** du royaume de France. La ville tient une place **écrasante** dans la politique, l'économie et la société françaises. En raison de l'extrême centralisation du pays, tous les grands **mouvements** ou **courants** qui ont **influencé** la nation y ont pris leur origine.

Située au bord d'un fleuve **navigable** et au centre d'une vaste plaine (le **bassin** parisien), Paris constitue depuis très longtemps une **plaque tournante**. Les **voies de communication** ont permis un **accès** facile à la métropole, qui s'est ainsi développée de façon continue.

On y trouve le **siège** de presque tous les pouvoirs : la **Présidence** de la République, le Gouvernement, le ***Parlement** et les grandes **administrations** des **services publics** y sont rassemblés. La **capitale cumule** ainsi toutes les fonctions de **commandement** de la nation.

l'exode *m* rural	Landflucht
l'exode *m* urbain	Stadtflucht
urbain,e	Stadt-; städtisch
les ruraux *m*	Landbevölkerung
un,e agriculteur, –trice	Bauer/Bäuerin, Landwirt/in → *l'agriculture f*
les terres *f*	*hier:* Grund und Boden
la campagne	Land (im Gegensatz zur Stadt) → ⚠ *le champagne*
se dépeupler	sich entvölkern
un,e citadin,e	Städter/in
s'entasser	sich drängen → *un tas; Haufen*
une tour	*hier:* Hochhaus → ⚠ *un tour; Tour, Reise, Rundfahrt*
une barre d'immeubles *m*	Wohnblock
la banlieue	Vorstädte, -orte
ouvrier, –ière	Arbeiter-
s'inverser	sich umkehren
rurbain,e	„land–städtisch", aufs Land zurückkehrend
délaisser qc	aufgeben, verlassen
une métropole	Groß-, Weltstadt
se transférer	*hier:* übersiedeln
périphérique	am (Stadt)Rand gelegen
rural,e	ländlich
un inconvénient	Nachteil → ≠ *un avantage*
citadin,e	städtisch
la décentralisation	Dezentralisierung
un plan d'aménagement	Raumnutzungsplan, Bebauungsplan
une métropole régionale d'équilibre *m*	regionales Zentrum
un moyen de communication	Verkehrsmittel
attrayant,e	anziehend, attraktiv
incontesté,e	unbestritten
écrasant,e	erdrückend
un mouvement	Bewegung
un courant	Strömung
influencer	beeinflussen
navigable	schiffbar
un bassin	Becken
une plaque tournante	Drehscheibe
une voie de communication	Verkehrsweg
un accès	Zugang → *accéder à*
un siège	Sitz
la Présidence	Präsidialamt, Sitz des Präsidenten
une administration	Verwaltung
les services *m* publics	öffentlicher Dienst
une capitale	Hauptstadt → ⚠ *le capital; Kapital*
cumuler	anhäufen
le commandement	Befehl(sgewalt), Leitung

L'Ile-de-France est à la fois le **centre de gravité** de l'***activité** économique et un **gigantesque foyer** de **consommation**. Environ 10,5 millions d'habitants ont fixé leur **résidence** dans l'agglomération parisienne. Les **sièges sociaux** et les centrales de **gestion** des **entreprises** importantes se trouvent, dans une immense majorité, à Paris. La **rive droite abrite** le centre des affaires, avec la **Bourse** et les grandes ***banques**.

De plus, la première ville industrielle du pays constitue un **pôle d'attraction** pour la population active : on y trouve en effet plus d'**offres d'emploi**, moins de chômage, des salaires plus élevés et plus d'**équipements** sociaux qu'en province. Les « **cols blancs** » (les employés du **secteur tertiaire**) représentent les trois quarts des **postes de travail** en région parisienne.

La grosse industrie **s'étale** dans la **Petite Couronne** et dans la **Grande Couronne**. Dans le Paris « intra-muros » (à l'intérieur du **boulevard périphérique**) on pratique encore aujourd'hui des activités **artisanales** ; la fabrication d'**articles de luxe** (**haute couture**, **joaillerie**), par exemple, y a toujours sa place. Les **grands magasins** des ***boulevards** sont une ***attraction appréciée**. Dans certains **quartiers**, les rues **piétonnières** invitent à la promenade et au **lèche-vitrine**.

Le ***rayonnement*** *intellectuel et culturel*
Le contact **ininterrompu** avec d'autres ***cultures** a donné à la ville son caractère **cosmopolite**. Des **artistes** et **créateurs** du monde entier, **hommes de lettres**, **cinéastes**, **peintres**, **couturiers**, viennent chercher la **célébrité** dans la métropole : **réussir** à Paris, c'est atteindre la **consécration**, la **gloire**.

On trouve à Paris des ***théâtres renommés** (comme la Comédie Française), de nombreux musées (le Louvre, le musée d'Orsay, p.ex.), et un opéra **prestigieux**.

Des ***universités célèbres**, comme la Sorbonne dans le Quartier latin, des **Grandes Ecoles**, des ***académies** et des **instituts de recherche** attirent l'***élite** intellectuelle internationale.

le centre de gravité	Schwer-, Mittelpunkt
gigantesque	riesig ➜ *un géant*
un foyer	Haus, Haushalt, *hier:* Zentrum
la consommation	Konsum, Verbrauch
une résidence	Wohnsitz, -ort
un siège social	Verwaltungssitz
la gestion	Geschäfts-, Betriebsführung
une entreprise	Unternehmen
la rive droite	rechtes (Seine) Ufer
abriter	schützen; *hier:* beherbergen
la Bourse	Börse
un pôle d'attraction	Anziehungspunkt
une offre d'emploi *m*	Stellenangebot
un équipement	Einrichtung
un « col blanc »	« weißer Kragen », Angestellter
le secteur tertiaire	Dienstleistungssektor
un poste de travail	Arbeitsplatz
s'étaler	sich erstrecken/ausdehnen/verteilen
la (Petite/Grande) Couronne	(nähere/weitere) Umgebung von Paris
un boulevard périphérique	ringförmige Stadtautobahn
artisanal,e	handwerklich ➜ *un artisan*
un article de luxe	Luxusartikel
la haute couture	Modeschaffen
la joaillerie [ʒɔajʀi]	Schmuckgewerbe
un grand magasin	Kauf-, Warenhaus ➜ ⚠ *un magazine; Illustrierte*
apprécier	schätzen ➜ *précieux, euse*
un quartier	Stadtviertel
piétonnier, –ière	Fußgänger- ➜ *un piéton*
le lèche-vitrine	Schaufensterbummel
le rayonnement	Ausstrahlung
ininterrompu,e	ununterbrochen
cosmopolite	weltstädtisch, kosmopolitisch
un,e artiste	Künstler/in ➜ ☹ Artist; un acrobate
un,e créateur, –trice	schöpferischer Mensch
un homme/une femme de lettres	Schriftsteller/in
un cinéaste	Filmschaffender
un peintre	Maler ➜ *peindre*
un couturier	Modeschöpfer
la célébrité	Berühmtheit
réussir à	Erfolg haben; es zu etw. bringen
la consécration	Weihe, Krönung (einer Laufbahn)
la gloire	Ruhm
renommé,e	renommiert, berühmt
prestigieux, –ieuse	hervorragend, berühmt
célèbre	berühmt
une Grande Ecole	Elitehochschule
un institut de recherche	Forschungsinstitut

Le musée d'Orsay

Paris est le lieu de **séjour** de très nombreux touristes : ceux qui sont sensibles aux **vestiges** du **passé** peuvent y **admirer** d'**innombrables monuments historiques** : églises, **palais**, **édifices somptueux** ou **hôtels particuliers**, en plus des **curiosités** typiques. Actuellement, un effort est fait pour préserver le **patrimoine** : des **frais** sont engagés pour **restaurer** des **sites** historiques. L'***architecture** moderne est également représentée, avec des **réalisations** telles que le centre Georges Pompidou, la ***pyramide** du Louvre, la grande **arche** de la Défense ou la *bibliothèque François Mitterrand.

Une métropole: problèmes et solutions possibles
Comme toutes les grandes villes, Paris a aussi des problèmes :

- La **circulation** y est difficile : la concentration d'emplois provoque des **migrations** quotidiennes entre Paris et sa banlieue et le temps perdu en chemin est, pour beaucoup, une source de fatigue et de ***stress**.
- La **pollution atmosphérique** rend l'air de la **cité irrespirable**.
- La vie est chère: la **pénurie** de **logements**, entre autres, fait qu'il est difficile de trouver un **appartement** pour un **loyer abordable**. De ce fait, le **centre ville** se dépeuple **au profit** des **cités-dortoirs** de banlieue, où **règnent** l'**anonymat**, la solitude et l'insécurité.

un séjour	Aufenthalt ➜ *séjourner*
un vestige	Überrest, Spur
le passé	Vergangenheit
admirer	bewundern
innombrable	unzählig
un monument historique	historisches Bauwerk
un palais	Palast
un édifice	Bauwerk, Gebäude
somptueux, -ueuse	prunkvoll, prächtig
un hôtel particulier	herrschaftliches Privathaus
une curiosité	*hier:* Sehenswürdigkeit
le patrimoine	historisches und kulturelles Erbe ➜ ⚠ *un héritage; Erbschaft*
les frais ***m***	Kosten, Aufwendungen
restaurer	restaurieren
un site	Stätte, Ort
une réalisation	*hier*: Leistung, Errungenschaft; Werk
une arche	*hier:* Bogen
la circulation	Verkehr
la migration	(Bevölkerungs)Wanderung
la pollution atmosphérique	Luftverschmutzung
la cité	Stadtkern, Innenstadt
irrespirable	nicht atembar, unerträglich ➜ *la respiration*
la pénurie	Mangel
un logement	Wohnung
un appartement	Wohnung ➜ ☹ *Apartment; un studio*
le loyer	Miete ➜ *louer*
abordable	erschwinglich
le centre ville	Innenstadt, Stadtzentrum
au profit de	zugunsten von
une cité-dortoir	Schlafstadt
régner	herrschen ➜ *le règne*
l'anonymat ***m***	Anonymität

Cette situation **s'aggrave** lorsque les vieux quartiers **insalubres** sont peu à peu **rénovés**. Ces opérations d'**urbanisme** et d'**assainissement** se font parfois **au détriment** des anciens habitants, qui ne peuvent plus payer les loyers devenus **exorbitants** et sont obligés de **se reloger** dans les **HLM** de banlieue.

Pourtant, il y a aussi des **évolutions** qui vont dans le sens **inverse** :

- Certains centres d'activités ont été **délocalisés** et installés au-delà du périphérique. Ainsi est né le quartier de la Défense, avec ses **gratte-ciels** de bureaux, ses **centres commerciaux** et ses **espaces verts**.
- Dans la région parisienne ont aussi été **aménagés** des **ensembles résidentiels** et 5 **villes nouvelles** (p. ex. Evry, Marne-la-Vallée) qui ont pour but de réunir à nouveau l'**habitat**, le travail, les **commerces** et les loisirs au même endroit.

Les transports

Les transports urbains
Des milliers de personnes **se déplacent** chaque jour dans les grandes villes. Question **cruciale** : prendre la voiture ou **emprunter** les **transports en commun** ?

Le nombre croissant de **véhicules individuels** provoque de sérieux problèmes : aux **heures de pointe**, le **réseau routier** est **saturé** ; les **embouteillages** font partie de l'image **habituelle** des grandes villes. Les **parcs de stationnement** et les **parkings couverts** sont **encombrés** et on ne trouve pas de place pour **se garer**.

Alors, que faire ?
Construire des **pistes cyclables** pour favoriser l'utilisation du vélo et surtout redonner la ***priorité** aux transports en commun. Faire **circuler** des ***autobus** rapides (grâce à des **couloirs** réservés) et bon marché, des **trams** confortables et silencieux, **créer** des **lignes** directes ou des **correspondances** pratiques pour décider les **inconditionnels** de la voiture à changer d'avis.

s'aggraver	schlechter werden; sich verschärfen → *grave*
insalubre	ungesund, gesundheitsschädlich
rénover	erneuern → *une rénovation*
l'urbanisme *m*	Städtebau, -planung
l'assainissement *m*	Sanierung → *assainir*
au détriment de	zum Schaden, auf Kosten von
exorbitant,e	unerschwinglich, übertrieben
(se) reloger	umsiedeln, eine neue Wohnung beziehen
un,e HLM (une habitation à loyer modéré)	Sozialwohnung
une évolution	Entwicklung
inverse	umgekehrt
délocaliser	auslagern
un gratte-ciel	Wolkenkratzer
un centre commercial	Einkaufszentrum
un espace vert	Grünfläche
aménager	einrichten; um-, ausbauen → *l'aménagement m*
un ensemble résidentiel	(gehobenes) Wohngebiet, -viertel
une ville nouvelle	Stadt vom Reißbrett
l'habitat *m*	Wohnen
un commerce	(Laden)Geschäft
les transports *m*	Verkehrs-, Transportwesen
se déplacer	sich fortbewegen
crucial,e	entscheidend
emprunter	*hier:* benutzen
les transports *m* en commun	öffentliche Verkehrsmittel
un véhicule	Fahrzeug → ***E** vehicle*
individuel,le	Privat-
l'heure *f* de pointe	Stoß-, Hauptverkehrszeit
un réseau	(Verkehrs)Netz
routier, -ière	Straßen-
saturé,e	gesättigt, überfüllt
un embouteillage	Stau, Verkehrsstockung → = *un bouchon*
habituel,le	gewöhnlich, üblich → *une habitude*
un parc de stationnement *m*	Parkplatz
un parking couvert	Parkhaus
encombré,e	überfüllt
(se) garer	parken
une piste cyclable	Radweg
circuler	fahren, verkehren
un couloir	*hier:* Busspur
un tram	Straßenbahn
créer	schaffen, herstellen, einrichten
une ligne	Verbindung, (Bus-, Bahn-, etc.) Linie
une correspondance	*hier:* Verkehrsverbindung, Anschluss
un,e inconditionnel,le	begeisterte/r Anhänger/in

la location de vélos → Fahrradverleih

Velib → une entreprise qui loue les vélos

Campagne contre la pollution

Quelques villes se sont **dotées** d'un **métro**, dont les **rames**, très **fréquentes**, transportent les *****passagers** rapidement d'un quartier à l'autre, même aux heures de **trafic dense**.

En région parisienne, la banlieue est **reliée** à la capitale par le RER (**réseau express** régional), dont les **stations** sont plus **éloignées** les unes des autres que celles du métro. Il est **souterrain** à l'intérieur de Paris, et **aérien** sur le reste de son **parcours**.

Les évolutions techniques ont permis la **mise en service** du VAL (véhicule automatique léger). C'est un métro sans **conducteur** : les **arrêts**, l'**ouverture** et la **fermeture** des portes se font sans intervention humaine.

Mais les transports en commun ne sont pas non plus un **remède** universel. Les **usagers** se plaignent des **retards** fréquents, des **tarifs** trop élevés, des voitures **bondées** et sales. De plus, les lignes ne **desservent** pas tous les quartiers et le réseau est parfois **paralysé** par des grèves.

Les transports nationaux et internationaux
Les **réseaux de communications** routières, **ferroviaires** et **aériennes** **reflètent** bien l'organisation centralisée de la France : ils dessinent sur la carte une **toile d'araignée** dont Paris est le centre.

lernen bis Montag

la pollution	Umweltverschmutzung
pair,e	gerade (für Zahlen) ➜ ≠ *impair,e*
interdire	verbieten ➜ = *défendre qc à qn*
se doter de qc	sich ausstatten mit
le métro	Untergrundbahn, Metro
une rame	Metro(zug)
fréquent,e	häufig (verkehrend) ➜ ≠ *rare*
un trafic dense	dichter Verkehr ➜ ***E*** *traffic*
relier	verbinden
le réseau express	Schnellverkehrsnetz
une station	Station, Haltestelle
éloigné,e	entfernt ➜ = *loin*
souterrain,e	unterirdisch
aérien,ne	*hier:* überirdisch
un parcours	Fahrstrecke
la mise en service	Inbetriebnahme
un,e conducteur, -trice	Fahrer/in ➜ *conduire*
un arrêt	Halt, Anhalten
l'ouverture *f*	Öffnen ➜ *ouvrir*
la fermeture	Schließen
un remède	(Heil)Mittel, Abhilfe
un usager	Benutzer/in
le retard	Verspätung ➜ ≠ *l'avance f*
un tarif	Fahrpreis
bondé,e	überfüllt
desservir (une station)	(eine Haltestelle) anfahren
paralyser	lahm legen, lähmen
un réseau de communications	Verkehrsnetz
ferroviaire	Eisenbahn-
aérien,ne	Luftverkehrs-
refléter	widerspiegeln; wiedergeben
une toile d'araignée	Spinnennetz

Le réseau routier
C'est un système très dense de **routes nationales** et **départementales**. Ces dernières sont souvent mal **entretenues**, ce qui provoque des accidents fréquents et des **bouchons** interminables. Des **chantiers** forcent parfois les conducteurs à des **déviations**. D'autre part, la **construction** de nouvelles routes **contribue** à la **destruction** de l'environnement et, ce qui est plus grave, elle encourage la **circulation automobile** individuelle et le **transport de marchandises** par la route. Conséquences : trop d'***énergie** est **gaspillée**, et de plus, la **traversée** des grandes villes est extrêmement difficile, il faut donc construire de nouvelles **rocades** pour les **contourner** : un **cercle vicieux**.

Le réseau ***autoroutier***
La construction des **autoroutes à péage**, leur **entretien** et leur **exploitation** sont **concédés** à des sociétés privées. La **vitesse** y est **limitée** à 130 km/h, et la circulation y est nettement plus sûre que sur les autres routes. Les autoroutes permettent l'**évasion** des week-ends et des vacances, mais elles jouent aussi un rôle important dans l'économie et dans l'**aménagement du territoire** : en effet, elles **assurent** la **liaison** entre les parties industrialisées du pays et les régions **défavorisées**. Elles sont ainsi de **précieux auxiliaires** de la décentralisation.

Les trains
Le réseau **ferré** français, totalement **électrifié**, a un très fort taux de **rentabilité** : le train est le premier **mode de transport** pour le trafic des **voyageurs**, après la voiture. Le ***confort** des ***wagons**, des **couchettes** et **wagons-lits** pour les voyages de nuit, la possibilité de ***réserver** son billet par **ordinateur**, et la **ponctualité** en font un **moyen de transport** apprécié. Pour **attirer** plus de clients, la **SNCF** (Société nationale des Chemins de Fer français) propose des billets **à tarif réduit** aux jeunes, aux familles ou aux **groupes**. On peut également bénéficier de réductions en choisissant de partir en **période bleue**. En effet, sur certains trains les tarifs changent selon le jour de la semaine ou l'**heure de la journée**.

une route nationale	Nationalstraße ➜ ⚠ *la rue; Straße (i. d. Stadt)*
une route départementale	Départementstraße
entretenir	instand halten
un bouchon	*hier:* Stau
un chantier	Baustelle
une déviation	Umleitung
la construction	Bau ➜ *construire*
contribuer à	beitragen zu
la destruction	Zerstörung ➜ *détruire*
la circulation automobile	Autoverkehr
le transport de marchandises	Güterverkehr
gaspiller	vergeuden, verschwenden
une traversée	Durchfahrt
une rocade	Umgehungs-, Ringstraße
contourner	umfahren
un cercle vicieux	Teufelskreis ➜ ***E*** *vicious circle*
autoroutier, -ière	Autobahn-
une autoroute à péage	gebührenpflichtige Autobahn
un péage	Mautstelle
l'entretien ***m***	Instandhaltung, Wartung
l'exploitation ***f***	Betrieb, wirtschaftliche Nutzung
concéder	bewilligen, zugestehen
la vitesse	Geschwindigkeit ➜ *vite (adv.)*
limiter	begrenzen
une évasion	Flucht (*hier:* aus den Großstädten) ➜ *s'évader*
l'aménagement ***m*** **du territoire**	Raumplanung
assurer	sichern, versichern, sorgen für
la liaison	Verbindung
défavorisé,e	benachteiligt
précieux, -ieuse	wertvoll ➜ ***E*** *precious*
un auxiliaire	Hilfe, Hilfsmittel
ferré,e	Eisenbahn- ➜ *le fer; Eisen*
électrifier	elektrifizieren
la rentabilité	Wirtschaftlichkeit, Rentabilität
un mode de transport	Transportart, -form
un,e voyageur, -euse	Reisende/r
une couchette	Liegewagen
un wagon-lit	Schlafwagen
un ordinateur	Computer
la ponctualité	Pünktlichkeit
un moyen de transport	Transport-, Verkehrsmittel ➜ ⚠ *la moyenne; Durchschnitt*
attirer	anziehen, anlocken
la SNCF	französische Eisenbahngesellschaft
à tarif réduit	verbilligt
un groupe	(Reise)Gruppe
la période bleue	*etwa:* verkehrsärmere Zeit
l'heure ***f*** **de la journée**	Tageszeit

Grâce à la mise au point d'un des systèmes ferroviaires les plus rapides du monde, le **TGV** (train à grande vitesse), le train fait aujourd'hui ***concurrence** à l'avion. Le TGV ouvre une nouvelle **ère** des liaisons **interurbaines**. Son **objectif** est de relier Paris, non seulement à la province, mais aussi aux grandes métropoles européennes. Grâce au TGV, Marseille est aujourd'hui à 3 heures de Paris.

Malheureusement, son exploitation **entraîne** la **condamnation** de certaines **lignes transversales**, devenues **déficitaires**. De plus, pour pouvoir **rouler à pleine vitesse** le TGV a besoin de **voies** spécifiques dont le **tracé** pose des problèmes car il détruit le paysage et l'environnement.

L'Eurotunnel, **creusé** sous la **Manche**, permet à des trains de voyageurs et à des **navettes prévues** pour des voitures et leurs ***passagers** d'**effectuer** en 35 minutes le **trajet** entre la France et l'Angleterre.

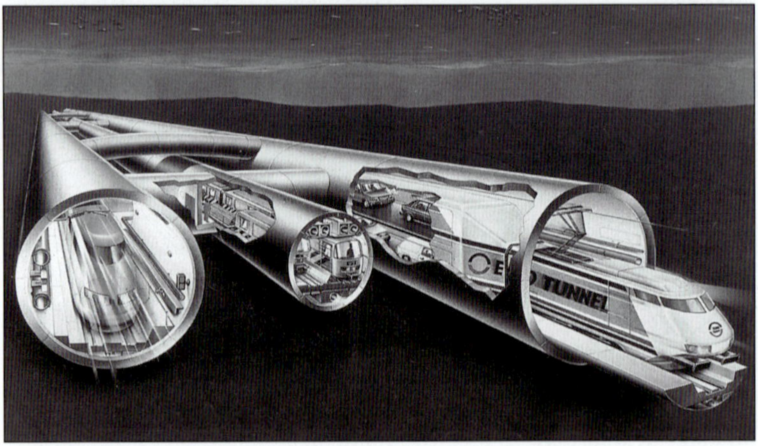

Tunnel sous la Manche

Le trafic aérien

La plupart des **longs** et **moyens-courriers décollent** des deux grands **aéroports** de Paris (Orly et Roissy – Charles de Gaulle), aux **abords** desquels l'**espace aérien** est souvent saturé. La construction d'un troisième grand aéroport en région parisienne devrait permettre de **faire face** aux problèmes posés par l'augmentation rapide du trafic aérien. La **compagnie** Air France, qui **exploite** les lignes régulières, effectue aussi la plupart des liaisons **intérieures**. La **majorité** des **vols** sont axés sur la capitale et sur quelques métropoles régionales.

le TGV	Hochgeschwindigkeitszug
une ère	Zeitalter, Ära ➜ ⚠ *l'air m; Luft*
interurbain,e	zwischen Städten, Fern-
un objectif	Ziel, Zweck ➜ = *le but*
entraîner qc	nach sich ziehen, zur Folge haben, auslösen
la condamnation	hier: Stilllegung
une ligne transversale	Querverbindung, -strecke
déficitaire	unwirtschaftlich, mit Verlust arbeitend
rouler	fahren, rollen
à pleine vitesse	mit Höchstgeschwindigkeit
une voie	Gleis(körper) ➜ ⚠ *la voix; Stimme*
un tracé	Linienführung, Verlauf
creuser	(aus)graben, aushöhlen ➜ *creux, -euse*
la Manche	Ärmelkanal ➜ *le manche; Stiel (Werkzeug)*
une navette (un train-navette)	Pendelzug
prévoir	vorsehen, vorhersehen
effectuer	bewältigen, zurücklegen, durchführen
le trajet	Strecke, Fahrt
un long-courrier	Langstreckenflug
un moyen-courrier	Mittelstreckenflug
décoller	starten ➜ ≠ *atterir*
un aéroport	Flughafen
les abords *m*	nähere Umgebung
un espace aérien	Luftraum
faire face	fertig werden mit, begegnen
une compagnie (aérienne)	Fluggesellschaft
exploiter	*hier:* befliegen
intérieur,e	Binnen-, innerhalb des Landes
la majorité	Mehrheit ➜ ≠ *la minorité*
le vol	Flug ➜ *le vol; Diebstahl*

a) Complétez les phrases suivantes par les mots ci-dessous.

assainissement – au détriment – carrés – centre de gravité – cols – densité – dépeuplée – doux – élevé – entreprises – exode rural – fleuves – frais – gestion – irrespirable – lèche-vitrine – loyer – natalité – patrimoine – piétonnières – planification – pluvieux – pollution atmosphérique – secteur tertiaire – sièges sociaux – sommet – superficie

1. La France a une ___Secteur tertiaire___ de plus de 500 000 kilomètres ___carres___.
2. Le ____________ le plus ____________ des Alpes est le Mont Blanc.
3. Il y a en France de nombreuses rivières et cinq ___fleuves___.
4. Le climat océanique est ___frais___ en hiver, ___élevé___ en été et souvent ___doux___.
5. La ____________ de population est plus faible en France qu'en Allemagne.
6. La ____________ des naissances a mené à une baisse de la ____________.
7. A la suite de l'____________, la campagne s'est ____________.
8. Beaucoup de ____________ et les centrales de ____________ des ____________ importantes se trouvent à Paris.
9. La ____________ rend souvent l'air de la capitale ____________.
10. Les rues ____________ invitent à la promenade et au ____________.
11. Les monuments historiques font partie du ____________.

12. Il est difficile de trouver un appartement pour un

_______________ abordable.

13. Les opérations d' _______________ des quartiers insalubres se

font _______________ des anciens habitants.

14. Les employés du _______________ sont appelés

« _______________ blancs ».

15. Paris est le _______________ de la France.

b) Traduisez les mots allemands, puis cherchez un mot de la même famille.

1. fahren, verkehren: circuler nom: la circulation
2. instand halten: _______________ nom: _______________
3. begrenzen: _______________ nom: _______________
4. Regen: _______________ adj.: _______________
5. lang: _______________ nom: _______________
6. alt: _______________ verbe: _______________
7. dicht: _______________ nom: _______________
8. Kino: _______________ nom: _______________
9. Stadt-; städtisch: _______________ nom: _______________
10. schließen: _______________ nom: _______________
11. öffnen: _______________ nom: _______________
12. anhalten: _______________ nom: _______________
13. schaffen, schöpfen: _______________ nom: _______________
14. schnell (adv.): _______________ nom: _______________
15. Städter,in: _______________ nom: _______________
16. (be)wohnen: _______________ nom: _______________
17. Reise: _______________ nom: _______________
18. anbieten, schenken: _______________ nom: _______________

Histoire

L'Antiquité

Avant la **conquête** de la **Gaule** par les ***armées** de Jules César (58 – 51 **avant J.-C.**), l'actuel territoire français est peuplé par les **Celtes**. Sous l'**occupation romaine**, la vie de ces **guerriers** se transforme profondément. Les **Gaulois adoptent** la langue, le mode de vie et la culture des **envahisseurs** : c'est la ***civilisation gallo-romaine**.

Le Moyen Age

Les **Francs**, une **tribu *germanique**, **envahissent** peu à peu tout le pays : la Gaule devient la France. En 800, le roi Charlemagne est **sacré empereur**. Mais son **empire** ne **résiste** pas aux **guerres de succession** qui opposent ses **descendants**.

Mont St. Michel

Du IXe au XIIe **siècle**, on assiste à un **affaiblissement** du **pouvoir royal**. Les grands **seigneurs** deviennent les **maîtres** du **royaume** : c'est l'***époque** de la **féodalité**. De nombreux **chevaliers** s'engagent dans les **croisades** pour **tenter** de reprendre la **Terre sainte** aux **infidèles**.

Dès l'**avènement** de Philippe-Auguste (1180), les rois de France essaient de **rétablir** leur ***autorité**. Le **pouvoir central** se développe. La **guerre de Cent Ans oppose** pendant plus d'un siècle la France à l'Angleterre. Vers la fin du Moyen Age, la population est ***décimée** par des guerres, des **famines** et des ***épidémies** (p. ex. la ***peste**).

l'Antiquité ***f***	Altertum
une conquête	Eroberung → *conquérir*
la Gaule	Gallien
avant J.-C. (Jésus-Christ) [ʒezykʀi]	vor Christus
un Celte	Kelte
une occupation	Besetzung
romain,e	römisch
un guerrier	Krieger
un Gaulois	Gallier
adopter	annehmen, übernehmen
un envahisseur	Eindringling, Besatzer
gallo-romain,e	galloromanisch
le Moyen Age	Mittelalter
un Franc	Franke
une tribu	(Volks)Stamm
envahir	eindringen, überfallen
sacrer	krönen
un roi/une reine	König/Königin
un empereur/une impératrice	Kaiser/Kaiserin
un empire	Kaiserreich, Imperium
résister à qc	etw. aushalten, überstehen
une guerre de succession ***f***	Erbfolgekrieg
un descendant	Nachkomme, Abkömmling
un siècle	Jahrhundert
un affaiblissement	Schwächung, Nachlassen → *affaiblir*
le pouvoir royal	Königsmacht
un seigneur	(Lehens)Herr
un maître	Herr, Gebieter
un royaume	Königreich
la féodalité	Feudalismus
un chevalier	Ritter → *un,e cavalier, -ière; Reiter/in*
une croisade	Kreuzzug
tenter (de faire) qc	versuchen → = *essayer*
la Terre sainte	Heiliges Land
un,e infidèle	Ungläubige/r → ⚠ *(in)fidèle; (un)treu*
l'avènement ***m***	Thronbesteigung, Regierungsantritt
rétablir	wiederherstellen
le pouvoir central	Zentralgewalt
une guerre	Krieg
la guerre de Cent Ans	Hundertjähriger Krieg
opposer qn à qn	einander gegenüberstellen; in Opposition zueinander bringen
une famine	Hungersnot

La Renaissance

A l'**occasion** des guerres d'Italie, les rois et **princes** français découvrent la Renaissance italienne et s'en ***inspirent** :

- Sur les **rives** de la Loire, de nombreux châteaux sont construits.
- Les **arts** et la ***littérature fleurissent** ; l'Antiquité sert de **référence**.
- Les **échanges commerciaux se développent**, et une nouvelle **bourgeoisie d'affaires** voit le jour.
- Les **sciences** progressent.

L'Ancien Régime

Les ***guerres de religion***
La **Réforme se propage** en France. L'Eglise réagit par la **Contre-Réforme**. Des **guerres civiles éclatent** entre ***catholiques** et **huguenots**. Après son **arrivée au pouvoir**, Henri IV **ramène** la **paix** par l'***édit** de Nantes.

La ***monarchie absolue***
Sous le **règne** d'Henri IV et de ses **successeurs**, l'autorité royale **s'étend** de plus en plus, et **aboutit**, sous le règne de Louis XIV, à la monarchie absolue. Le roi, ***monarque** de **droit divin**, **détient** seul le pouvoir (« l'Etat, c'est moi »).

*Le « **siècle des lumières** »*
Au XVIIIe siècle, les ***philosophes** critiquent le **pouvoir absolu** et s'expriment pour une **société** plus ***libérale**. Leurs idées ***révolutionnaires** et les difficultés économiques **mènent** au **déclin** de l'Ancien Régime.

La *Révolution française

Les ***causes***

- A la **suite** de mauvaises **récoltes**, le **petit peuple** est dans la **misère**.
- De nombreuses guerres ont ***ruiné** l'Etat, et les **impôts**, que seul le peuple est **contraint** de payer, augmentent **sans cesse**.
- Le **Tiers Etat** veut **participer** à la vie politique.
- Le **clergé** et la **noblesse** (Premier et Second Etats) **refusent** de **renoncer** à leurs ***privilèges**.

une occasion	Gelegenheit
un prince/une princesse	Fürst/in, Prinz/Prinzessin
une rive	Ufer
un art	Kunst ➜ *un artiste*
fleurir	(auf)blühen ➜ *une fleur*
une référence	*hier:* Muster, Bezugspunkt
l'échange *m* commercial	Handelsaustausch, -beziehung
se développer	sich entwickeln ➜ *le développement*
la bourgeoisie d'affaires	Bürgertum aus Kaufleuten
les sciences (naturelles)	Naturwissenschaften ➜ *la science; Wissenschaft*

une guerre de religion	Religionskrieg
la Réforme	Reformation
se propager	sich verbreiten, sich ausbreiten
la Contre-Réforme	Gegenreformation
une guerre civile	Bürgerkrieg
éclater	ausbrechen ➜ *un éclatement*
un,e huguenot,e	Hugenotte/in (Protestanten)
l'arrivée *f* au pouvoir	Machtübernahme
ramener	zurückführen, -bringen
la paix	Friede

la monarchie absolue	absolute Monarchie, Absolutismus
un règne	Herrschaft, Regierungszeit ➜ *régner*
un successeur	Nachfolger ➜ *succéder à qn*
s'étendre	sich ausbreiten, sich erstrecken
aboutir à	führen zu
le droit divin	Gottesgnadentum
détenir qc	verfügen über

le siècle des lumières	Aufklärung
le pouvoir absolu	unumschränkte Macht
la société	Gesellschaft ➜ ***E*** *society*
mener à	führen zu
le déclin	Niedergang

une cause	Ursache, Grund
une suite	Folge
une récolte	Ernte
le petit peuple	das einfache Volk
la misère	Elend, Armut ➜ ***E*** *misery*
l'impôt *m*	Steuer
contraindre qn à (faire) qc	jdn zu etw. zwingen ➜ *une contrainte*
sans cesse	unaufhörlich
le Tiers Etat	Dritter Stand
participer à	teilnehmen an ➜ *une participation*
le clergé	Klerus
la noblesse	Adel
refuser	sich weigern
renoncer à qc	verzichten auf etw.

Le paysan écrasé par les impôts

Les événements
Des **émeutes** éclatent parmi le **peuple**. Le 14 juillet 1789, les Parisiens **prennent d'assaut** la **prison** de la Bastille. Pendant dix ans, la révolution **bouleverse** la société française. Louis XVI est **condamné à mort** et **exécuté** en 1793.

*Les *conséquences et les acquis*

- La France est dotée d'une **constitution** écrite.
- Il y a **séparation des pouvoirs**.
- Les privilèges des **nobles** et du clergé sont **abolis**.
- La **Déclaration** des **Droits de l'Homme**, garantissant la **liberté** et l'**égalité** des hommes, voit le jour.

Le XIXe siècle

*De Napoléon à la guerre **franco-allemande***
Sacré empereur par le **pape**, Napoléon Ier ***réforme** l'organisation et l'**administration** du pays, et tente de **reconstituer** un grand empire en Europe. Ses premières **campagnes**, **victorieuses**, font bientôt place à des **défaites désastreuses**. Il est **vaincu** définitivement à la **bataille** de Waterloo et meurt en ***exil**.

L'**effondrement** de son empire est suivi d'une **restauration** de la monarchie, puis de la seconde ***République**.

écraser	erdrücken
une émeute	Aufruhr → = *une révolte*
un peuple	Volk
prendre d'assaut *m*	stürmen
une prison	Gefängnis
bouleverser	umkrempeln, -schichten; erschüttern
condamner (à mort) [kõdane]	(zum Tod) verurteilen → *une condamnation; un condamné*
exécuter	hinrichten
un acquis	Errungenschaft → *acquérir*
une constitution	Verfassung
la séparation des pouvoirs	Gewaltenteilung
un,e noble	Adlige/r
abolir	abschaffen → *l'abolition f*
une déclaration	(feierliche) Erklärung
les Droits *m* de l'Homme	Menschenrechte
la liberté	Freiheit → *libre*
l'égalité *f*	Gleichheit
franco-allemand,e	deutsch-französisch
le pape	Papst
l'administration *f*	Verwaltung
reconstituer	wiederherstellen, wiederaufbauen
une campagne	*hier:* Feldzug
victorieux, –ieuse	siegreich → *la victoire*
une défaite	Niederlage → ***E*** *defeat*
désastreux, –euse	vernichtend
vaincre	besiegen → *le vainqueur*
une bataille	Schlacht
l'effondrement *m*	Zusammenbruch → *s'effondrer*
la restauration	Wiederherstellung, Restauration

La révolution industrielle fait de la France un pays industriel moderne. Le Second Empire (Napoléon III) marque la **naissance** du grand ***capitalisme**. L'économie se développe, les grandes villes sont ***modernisées**. Pour le ***prolétariat**, les **conditions de vie** sont très dures : **salaires de misère**, **chômage**, **exploitation** ; les ouvriers **obtiennent** cependant le droit de **grève** et l'autorisation de former des **syndicats**.

La guerre franco-allemande de 1870 aboutit à un **échec** face aux armées allemandes, qui **annexent** l'**Alsace** et la **Lorraine**.

Sous la IIIe République

- La **colonisation** s'***intensifie**, surtout en Afrique.
- L'**enseignement** est déclaré **laïc**, gratuit et ***obligatoire**.
- La **séparation** de l'Eglise et de l'Etat devient officielle.
- Les **libertés de la presse et d'association** sont garanties.

La Première Guerre mondiale (la « Grande Guerre »)

Elle a pour causes essentielles les ***rivalités** économiques et ***coloniales**, l'esprit de **revanche**, le **surarmement** des **pays industrialisés**.

Après une phase de **guerre de mouvement**, puis une **guerre de positions** dite aussi guerre des **tranchées**, longue et **meurtrière** pour tous les **camps**, les grandes ***offensives** mènent à la **victoire** des **alliés**. 10 millions de personnes (***soldats** et **population civile**) sont **tuées**, 20 millions **blessées**. L'Europe entière sort ruinée de ces quatre ans de **lutte**.

Par le **traité** de Versailles, la **Société des Nations (SDN)** est créée. L'Allemagne, déclarée **coupable** du **déclenchement** des **hostilités**, doit payer de lourdes ***réparations**, perd ses ***colonies** et est isolée politiquement.

L'Entre-deux-guerres

Après une ***période** de **reconstruction**, la crise économique frappe le monde entier. L'**instabilité** politique **grandit**. En 1936, le **Front populaire** (union des partis de gauche) gagne les élections et **engage** d'importantes ***réformes** sociales.

la naissance	Geburt ➜ *naître*
les conditions *f* de vie	Lebensbedingungen
un salaire de misère	Hungerlohn
le chômage	Arbeitslosigkeit ➜ *être au chomage*
l'exploitation *f*	Ausbeutung
obtenir	erreichen; bekommen, erhalten ➜ ***E** to obtain*
une grève	Streik
un syndicat	Gewerkschaft
un échec	Mißerfolg, Niederlage ➜ *échouer*
annexer	annektieren
l'Alsace *f*	Elsaß
la Lorraine	Lothringen
la colonisation	Kolonisierung
l'enseignement *m*	Unterrichtswesen
laïc/laïque	religiös neutral
une séparation	Trennung
les libertés *f* de la presse et d'association	Presse- u. Versammlungsfreiheit
la Guerre mondiale	Weltkrieg
une revanche	Vergeltung, Revanche ➜ *prendre sa revanche*
le surarmement	Überbewaffnung
un pays industrialisé	Industrienation
une guerre de mouvement	Bewegungskrieg
une guerre de positions	Stellungskrieg
une tranchée	*hier:* Schützengraben
meurtrier, -ière	mörderisch ➜ *un meurtre*
un camp	Lager, Seite
une victoire	Sieg ➜ *vaincre; **E** victory*
les alliés *m*	Alliierte, Verbündete
la population civile	Zivilbevölkerung
tuer	töten
blesser	verwunden ➜ *une blessure; un,e blessé,e*
une lutte	Kampf ➜ = *un combat*
un traité	Vertrag ➜ ***E** treaty*
la Société des Nations (SDN)	Völkerbund
coupable	schuldig ➜ *la culpabilité*
le déclenchement	Auslösung, Ausbruch
l'hostilité *f*	Feindseligkeit ➜ *hostile*
l'Entre-deux-guerres *m*	Zwischenkriegszeit
la reconstruction	Wiederaufbau ➜ *reconstruire*
l'instabilité *f*	Unsicherheit, instabile Lage
grandir	wachsen, zunehmen
le Front populaire	Volksfront
engager	engagieren, investieren; *hier:* anfangen

La Seconde Guerre mondiale

A la suite de l'***invasion** de la **Pologne** par les Allemands, la France et l'Angleterre **déclarent la guerre** à l'Allemagne ***nazie**. Au début, les armées française et allemande restent sur la ***défensive** : c'est la **« drôle de guerre »**.

L'offensive des **troupes** allemandes, en mai 1940, se traduit par une **débâcle** française. La défaite est suivie d'un **exode** massif de la population.

La France vaincue signe l'**armistice**. Pétain devient le chef de l'Etat français et appelle à la **collaboration** avec les **vainqueurs**. Le pays est en partie **occupé** et **divisé** en deux ***zones** (zone occupée – zone libre). Les juifs sont ***déportés** dans des **camps de concentration** et **exterminés**.

La **résistance** s'organise, à l'intérieur (***sabotages**, ***attentats** commis par des **réseaux clandestins**), et à l'extérieur du pays : le général de Gaulle, depuis Londres, organise les Forces Françaises Libres, qui continuent le **combat** avec l'**aide** des alliés.

Après la **libération**, des **vengeances** et **règlement de comptes déchirent** le pays.

Affiche appelant à la résistance

la Pologne	Polen
déclarer la guerre	den Krieg erklären
la « drôle de guerre »	erste ereignislose Monate des 2. Weltkrieges
une troupe	Truppe, Armee
une débâcle	Zusammenbruch, Katastrophe
un exode	Massenflucht, Exodus
un armistice	Waffenstillstand
la collaboration	Zusammenarbeit (*hier:* mit den Besatzern) → *un collaborateur*
un vainqueur	Sieger → *vaincre*
occuper	besetzen → *l'occupation f*
diviser	(auf)teilen
un camp de concentration	Konzentrationslager
exterminer	vernichten, ausrotten
la résistance	Widerstand → *résister à; un,e résistant,e*
un réseau clandestin	geheime Widerstandsgruppe
un combat	Kampf
une aide	Hilfe
la libération	Befreiung → *libérer*
une vengeance	Rache → *se venger;* ***E*** *revenge*
un règlement de comptes	Abrechnung
déchirer	zerreißen
une arme	Waffe
un,e citoyen,ne	Bürger/in → *un,e bourgeois,e; Bürgerliche,r*
la patrie	Heimat, Vaterland

La France depuis 1945

La IVe République, système politique instable, est cependant marquée par un certain **essor** économique. La Constitution de la Ve République (depuis 1958) **renforce** le rôle du Président. Des **mouvements nationalistes**, des **insurrections** et des ***guérillas** sont à l'origine de guerres coloniales (p. ex. en Indochine et en Algérie) et **amènent** la France à **accorder** peu à peu l'**indépendance** à ses colonies et ***protectorats**. Après la **décolonisation**, la France connaît une période de **prospérité** et d'**expansion** économique.

En 1968, les étudiants, puis les ouvriers, **manifestent violemment**, **contestant** les **valeurs** de la **société de consommation**, et **réclament** plus de **justice** et de liberté. Les années 70 sont **affectées** par une nouvelle crise (**choc pétrolier**).

De 1981 à 1995, un Président socialiste, François Mitterrand, **gouverne** le pays. D'importantes ***réformes** voient le jour pendant le **gouvernement** d'**Union de la gauche** : **réduction** du **temps de travail** à 39 heures par semaine, retraite à 60 ans, **abolition** de la **peine de mort**, **nationalisation** de grandes entreprises.

En 1986, les partis de droite sortent vainqueurs des élections législatives. La conséquence en sera une **cohabitation** entre un Président de gauche et un gouvernement de droite. Certaines des grandes firmes ***nationalisées** sont alors **reprivatisées**. Pendant son deuxième septennat, Mitterrand adapte sa politique aux réalités de l'**économie de marché**. Mais aucun des différents gouvernements n'obtient de succès **décisif** contre le chômage. Sur le plan international, les années Mitterrand sont dominées par la **réalisation** de l'***union** économique et **monétaire** de l'Europe (1993 : **Union européenne**, UE).

En 1995, Jacques Chirac est élu président de la République. Dès 1997, cependant, une nouvelle période de cohabitation commence avec Lionel Jospin comme ***Premier ministre**. Parmi les **mesures** adoptées sous son gouvernement : 35 heures de **travail hebdomadaire**, abandon du **service national** (**service militaire**) pour une **armée de métier**. En 2000, par **référendum**, la durée du ***mandat** présidentiel est ramenée à 5 ans (**quinquennat**).

Lors de l'**élection présidentielle** de 2002, Jean-Marie Le Pen, ***candidat** de l'extrême-droite, profite du **taux d'abstention** très élevé et obtient plus de voix que Lionel Jospin. Au 2e tour, il est opposé à Jaques Chirac qui est **réélu** avec une majorité écrasante.

un essor	Aufschwung
renforcer	stärken
un mouvement nationaliste	nationale Befreiungsbewegung
une insurrection	Aufstand, Revolte
amener qn à faire qc	jdn zu etw. veranlassen
accorder qc à qn	gewähren
l'indépendance *f*	Unabhängigkeit ➜ ***E*** *independence*
la décolonisation	Entkolonisierung
la prospérité	Wohlstand ➜ *prospère*
une expansion	Aufschwung, Expansion
manifester	demonstrieren
violent,e	heftig, gewaltsam, gewalttätig
contester qc	sich auflehnen gegen
une valeur	Wert ➜ *valoir*
la société de consommation	Konsumgesellschaft
réclamer	fordern
la justice	Gerechtigkeit
être affecté,e par	betroffen sein/werden von
le choc pétrolier	Ölkrise
gouverner	regieren
un gouvernement	Regierung ➜ ***E*** *government*
l'Union de la gauche	Bündnis der Linksparteien
une réduction	Verkürzung ➜ *réduire*
le temps de travail	Arbeitszeit
l'abolition *f*	Abschaffung ➜ *abolir*
la peine de mort	Todesstrafe
une nationalisation	Verstaatlichung ➜ ≠ *la privatisation*
la cohabitation	Kohabitation (gemeinsame Regierung eines Präsidenten und eines Premierministers aus verschiedenen Lagern)
reprivatiser	wieder privatisieren
l'économie *f* de marché	Marktwirtschaft
décisif, ive	entscheidend ➜ *une décision; décider*
une réalisation	Verwirklichung, Umsetzung
monétaire	Währungs-, Geld-
l'Union européenne	europäische Union, EU
une mesure	Maßnahme ➜ ***E*** *measure*
le travail hebdomadaire	Wochenarbeitszeit
le service national/le service militaire	Wehrdienst
une armée de métier	Berufsheer
un référendum	Volksabstimmung
le quinquennat	fünfjährige Amtszeit
une élection présidentielle	Präsidentschaftswahl
le taux d'abstention	Quote der Stimmenthaltungen
réélire qn	wiederwählen

a) Traduisez en allemand.

1. Au XVIe siècle, des guerres de religion opposent les catholiques aux huguenots.
2. Louis XIV, monarque de droit divin, détient le pouvoir absolu.
3. La famine et l'augmentation des impôts provoquent des émeutes parmi le peuple.
4. A la suite de la Révolution française, les privilèges des nobles et du clergé sont abolis.
5. Après des campagnes victorieuses, Napoléon est vaincu à Waterloo.
6. La bataille a fait de nombreuses victimes dans les deux camps.
7. Les guerres civiles ont décimé la population et ruiné le pays.
8. La résistance, organisée en réseaux clandestins, a continué le combat contre l'envahisseur.
9. La crise économique a contraint le gouvernement à engager des réformes sociales.
10. Les syndicats réclament une réduction du temps de travail hebdomadaire.

b) Traduisez en français (voir pages 30 à 37).

1. Napoleon I. wurde 1804 zum Kaiser gekrönt.
2. Ein Waffenstillstand beendete die Feindseligkeiten.
3. Der Präsident unterzeichnete den Friedensvertrag.
4. Das Land wurde besetzt und in mehrere Zonen geteilt.
5. Die Pressefreiheit wird in der Verfassung garantiert.
6. Die Arbeiter demonstrieren vor der Fabrik.
7. Sie fordern eine Arbeitszeitverkürzung und bessere Arbeitsbedingungen.
8. Die Gewerkschaften kämpfen für das Streikrecht.
9. Die Bevölkerung wartet immer noch auf den wirtschaftlichen Aufschwung.
10. Ein vorrangiges Ziel der Regierung war der Wohlstand für alle.
11. 2002 gingen die Rechtsparteien als Sieger aus den Wahlen hervor.
12. Die Regierung hat keinen entscheidenden Erfolg im Kampf gegen die Arbeitslosigkeit erzielt.

c) **Filet de mots**

Complétez le filet de mots ci-dessous à l'aide des expressions suivantes.

la constitution – le droit divin – égalité – les élections *f*
une émeute – l'empire *m* – l'impératrice *f* – liberté
le monarque – le président – régner – la reine – se révolter
le royaume – sacrer qn – succéder à qn

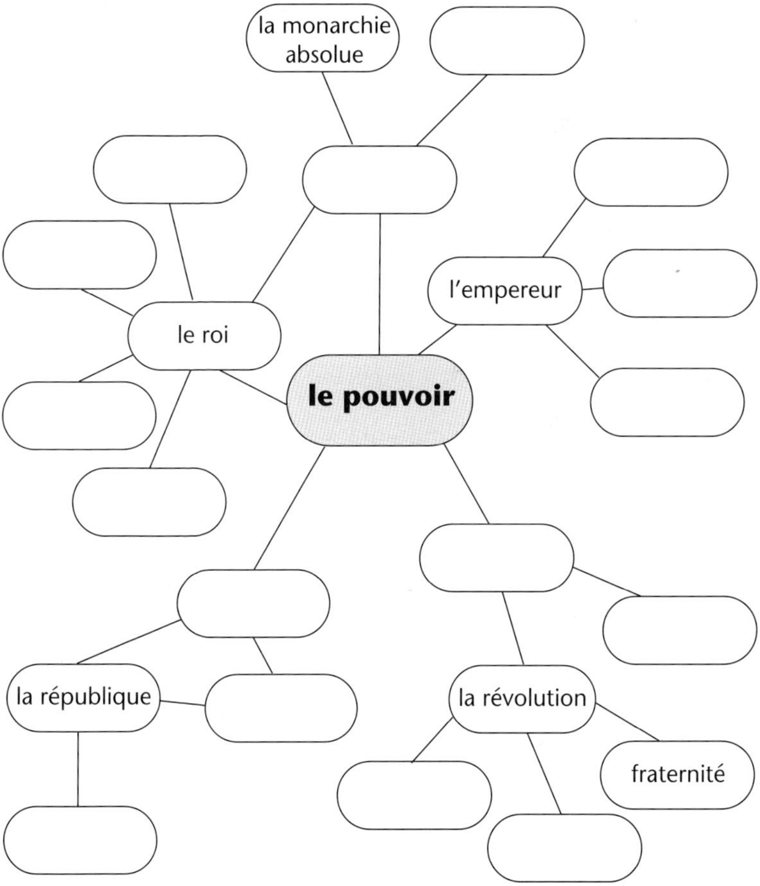

Politique

Les régimes politiques

Dans les pays vivant sous un ***système *totalitaire** ou ***dictatorial**, les **dirigeants** ne sont pas **élus** par les citoyens. Le peuple ne peut pas participer à la vie politique ; l'***opposition** est interdite, les **opposants** au régime sont mis en prison ou **expulsés** ; d'autres choisissent l'***exil**. Les **élections** (s'il y en a) sont **truquées**, la presse est **censurée**, et la **liberté d'expression** est minime.

Le **droit de vote** est, en revanche, un principe de base de la **démocratie** ; tout adulte inscrit sur les **listes électorales** peut **voter**. Différents **partis se présentent** aux élections. La **campagne électorale** donne aux ***candidats** l'occasion d'expliquer leurs ***programmes** aux **électeurs**. Le **vote** se déroule **à bulletins secrets**, l'ouverture des ***urnes** et le **dépouillement du scrutin** se font en présence de témoins pour éviter la **fraude électorale**.

Les démocraties modernes (***républiques** ou **monarchies constitutionnelles**) pratiquent généralement la séparation des pouvoirs :

- le **pouvoir législatif établit** les **lois**,
- le **pouvoir exécutif** les fait **appliquer**,
- le **pouvoir judiciaire** les fait **respecter**.

La constitution de la Ve République

En vigueur depuis 1958, elle est caractérisée par un régime de type **présidentiel** : les pouvoirs du **Président de la République** y sont très **étendus**, le rôle du ***Parlement** plus limité que dans d'autres pays.

Le président de la République (élu au **suffrage universel direct**) et le gouvernement se **partagent** le pouvoir exécutif. C'est le Président qui **nomme** le ***Premier ministre** et conduit la **politique extérieure**. Il peut éventuellement **dissoudre** l'**Assemblée nationale** et ***consulter** la nation directement, par **référendum**.

un régime	Regierungsform, Regime
un dirigeant	(Staats)Führer, Herrschender
élire qn	wählen
un,e opposant,e	Regimegegner/in, -kritiker/in
expulser	des Landes verweisen
une élection	Wahl
truquer	fälschen
censurer	zensieren ➜ *la censure*
la liberté d'expression	freie Meinungsäußerung
le droit de vote	Wahlrecht
la démocratie [-si]	Demokratie
la liste électorale	Wählerliste, -verzeichnis
voter	abstimmen, wählen ➜ *le vote*
un parti	Partei ➜ ⚠ *une partie; Teil*
se présenter	*hier:* kandidieren
une campagne électorale	Wahlkampf
un,e électeur, –trice	Wähler/in
le vote à bulletins secrets	geheime Wahl
le dépouillement du scrutin	Stimmenauszählung
un scrutin	Abstimmung, Wahl
la fraude électorale	Wahlbetrug
la monarchie constitutionnelle	konstitutionelle Monarchie
le pouvoir législatif	Legislative, gesetzgebende Gewalt
établir	festlegen, ausfertigen, einrichten
une loi	Gesetz
le pouvoir exécutif	Exekutive
appliquer	anwenden ➜ *une application*
le pouvoir judiciaire	Judikative
respecter	einhalten, beachten
une constitution	Verfassung
en vigueur	in Kraft
présidentiel,le	Präsidial–
le Président de la République	Staatspräsident
étendu,e	umfangreich, ausgedehnt
le suffrage universel direct	allgemeines direktes Wahlrecht
partager	teilen
nommer	ernennen
la politique extérieure	Außenpolitik
dissoudre	auflösen ➜ *la dissolution*
l'Assemblée *f* nationale	Nationalversammlung
un référendum [referɛ̃dɔm]	Volksabstimmung

Le Premier ministre, assisté de ses ***ministres** et **secrétaires d'Etat**, est **responsable** de la **politique intérieure** du pays. Il peut arriver qu'au cours de son ***mandat** (le quinquennat) le Président soit **obligé** de choisir un Premier ministre d'un **courant** politique opposé. On parle alors de **cohabitation**. En cas de danger grave pour le pays, le président peut exceptionnellement prendre les **pleins pouvoirs**.

Le pouvoir législatif est assuré par le Parlement (Assemblée nationale et **Sénat**).

- L'Assemblée nationale, composée de **députés** élus pour une **législature** de cinq ans, vote les lois et le **budget** de l'Etat et contrôle le gouvernement.
- Le Sénat fait des **propositions de lois**. Les **sénateurs** sont élus pour neuf ans, au **suffrage universel indirect**.

Les partis politiques

La Gauche

- Le parti ***socialiste** (PS)
  Il a pour principe la lutte contre les **inégalités sociales** et les privilèges. Il est plutôt **favorable** au contrôle de l'**économie** par l'Etat (grâce à des **nationalisations** de grandes sociétés ou de banques, p. ex.). En période de **récession**, il a parfois du mal à faire **coïncider** son ***idéal** de justice sociale avec les réalités économiques.
- Le parti ***communiste** (PCF)
  Il rêve de transformer par la **lutte des classes** la société en un monde sans **exploiteurs** ni **exploités**. Il est pour l'**indépendance** ***nationale**, donc opposé à l'Europe. Ses **adhérents** et **militants** sont de moins en moins nombreux.

La Droite

- L'UMP (Union pour un mouvement populaire)
  Fin 2002, le RPR (**Rassemblement** pour la République) a ***fusionne** avec les libéraux de Démocratie libérale (DL) et une grande partie des **centristes** de l'UDF pour former l'UMP. Héritière du mouvement **gaulliste**, celle-ci est **conservatrice**, favorable à un Etat fort, et plutôt **centraliste**.
- L'UDF (Union pour la démocratie française)
  C'est une **fédération** de plusieurs petits partis de **centre-droite**. Située plus au **centre** que le RPR, elle est pour un système économique ***libéral**, accompagné de ***réformes** sociales.

un secrétaire d'Etat	Staatssekretär
responsable de	verantwortlich → *la responsabilité*
la politique intérieure	Innenpolitik
être obligé,e de faire qc	verpflichtet/gezwungen sein, etw. zu tun → = *être forcé,e de faire qc*
un courant	Strömung
la cohabitation	Kohabitation (gemeinsame Regierung eines Präsidenten und eines Premierministers aus verschiedenen Lagern)
les pleins pouvoirs *m*	unbeschränkte Vollmachten
le Sénat	Senat
un,e député,e	Abgeordnete/r
une législature	Legislaturperiode
le budget	Staatshaushalt
une proposition de loi	Gesetzesvorschlag
un sénateur	Senator
le suffrage universel indirect	allgemeines indirektes Wahlrecht
l'inégalité *f* **sociale**	soziale Ungleichheit
être favorable à	befürworten
l'économie *f*	Wirtschaft → *économique*
une nationalisation	Verstaatlichung
la récession	Rezession, rückläufige Konjunktur
coïncider	zusammenfallen, übereinstimmen
la lutte des classes	Klassenkampf
un exploiteur	Ausbeuter → *exploiter*
un,e exploité,e	Ausgebeutete/r
l'indépendance *f*	Unabhängigkeit → ***E*** *independence*
un,e adhérent,e	Parteimitglied → = *un membre*
un,e militant,e	aktives Mitglied
un rassemblement	Versammlung, *hier:* Sammlungsbewegung
centriste	in der politischen Mitte angesiedelt
gaulliste	gaullistisch (gegründet von General de Gaulle)
conservateur, –trice	konservativ
centraliste	zentralistisch
une fédération	Bündnis
centre-droite	mitte rechts
le centre	Zentrum, Mitte

L'Extrême droite
Contrairement à l'**extrême gauche**, pratiquement inexistante en France à part quelques **groupuscules *révolutionnaires**, l'extrême droite est devenue, dans les années 1980 à 1990, une **puissance** politique non **négligeable**. En plus de son **électorat de base**, elle attire régulièrement des électeurs **déçus** par les autres partis. Elle est représentée par plusieurs partis, dont le FN (Front national) reste le plus important. Son objectif numéro un est la lutte contre l'immigration. Il est **xénophobe**, **anti-européen** et très ***nationaliste**.

Les écologistes
Ils ont pour but la protection de l'**environnement** et de la nature. Ils sont opposés au **nucléaire**. Ils sont plutôt orientés à gauche, mais refusent l'opposition traditionnelle droite-gauche. Ils sont souvent **divisés**, ce qui empêche parfois les Français de les prendre au sérieux. Ils ont pourtant plus de **succès** aux élections qu'il y a quelques années.

*Centralisme, *régionalisme

La France **métropolitaine** comporte 22 **régions**, elles-mêmes **subdivisées** en ***départements**, **arrondissements**, **cantons** et communes. S'y ajoutent 4 régions **d'outre-mer** organisées en DOM (départements d'outre-mer) et TOM (territoires d'outre-mer). C'est un pays assez centraliste. Paris est la capitale **administrative**, politique, mais aussi économique et ***culturelle** de la France.

Les **buts** de cette **centralisation** sont principalement le **maintien** de l'**unité** du pays, une **administration *compétente** et plus facilement contrôlable, et des **décisions** plus rapides, **sur le plan national**.

Cependant, ce système présente aussi certains inconvénients : il y a un **déséquilibre** économique et **humain** entre Paris et les autres régions. Ceux qui prennent les décisions sont loin, et ignorent les problèmes concrets. Les ***initiatives *régionales** sont **paralysées**, les **collectivités locales** n'ont pas assez de **responsabilités**. Une administration aussi **centralisée** est forcément lourde, lente et peu ***flexible**.

Depuis 1982, une loi sur la **décentralisation** (la **régionalisation**) donne plus de **poids politique** aux régions, en leur accordant plus de **compétences**, notamment dans les domaines de la culture, des transports, de l'**éducation**, de la **formation professionnelle** et de l'**urbanisme**. Mais malgré cette réforme, **souhaitée** par de nombreux **administrés**, l'influence de Paris reste **considérable** dans bien des domaines.

l'extrême droite *f*	extreme Rechte
l'extrême gauche *f*	extreme Linke
un groupuscule	Splitterpartei
une puissance	Kraft, Macht
négligeable	vernachlässigbar = unbedeutend
l'électorat *m* de base	Stammwähler
déçu,e	enttäuscht → *décevoir*
xénophobe	fremdenfeindlich
anti-européen,ne	anti-europäisch, europafeindlich
l'environnement *m*	Umwelt → ***E*** *environment*
le nucléaire	Atom-, Kernenergie
divisé,e	gespalten
un succès	Erfolg
métropolitain,e	*hier:* als Mutterland
une région	Region, Gebiet
subdiviser	unterteilen
un arrondissement	Arrondissement, Unterbezirk eines Departement
un canton	Kanton, Unterbezirk eines Arrondissement
d'outre-mer	überseeisch
administratif, -ive	Verwaltungs-
un but	Ziel → = *l'objectif m*
la centralisation	Zentralisierung
le maintien	Erhalt → *maintenir*
l'unité *f*	Einheit
l'administration *f*	Verwaltung
une décision	Entscheidung, Beschluss → *décider*
sur le plan national	auf nationaler Ebene
le déséquilibre	Ungleichgewicht
humain,e	menschlich → ***E*** *human*
paralyser	lähmen → *la paralysie*
une collectivité locale	Orts-, Gebietskörperschaft
la responsabilité	Verantwortung, *hier:* Zuständigkeits-, Verantwortungsbereich
centralisé,e	zentralisiert
la décentralisation	Dezentralisierung
la régionalisation	Regionalisierung
le poids politique	politisches Gewicht
la compétence	*hier:* Zuständigkeit
l'éducation *f*	Erziehungswesen → *éduquer*
la formation professionnelle	berufliche Bildung
l'urbanisme *m*	Stadtplanung, Städtebau
souhaiter	wünschen → = *désirer*
les administrés,es	Bürger
considérable	beträchtlich, beachtlich, ansehnlich

Les minorités

Face au centralisme régnant en France, certaines minorités, qui avaient conservé – malgré tout – leurs ***dialectes** et leur **spécificité**, se sont mises, après 1968, à **revendiquer** leur droit à la différence, et à **affirmer** leurs **particularités**.

Les mouvements **séparatistes**, assez ***actifs** dans les années 1970, sont à présent une exception ; seuls les **Corses** vont encore jusqu'aux ***attentats** pour réclamer leur **autonomie**. Cependant, de nombreuses **associations** et **organisations** tentent de **garder** vivantes les langues et traditions régionales. Les **Bretons**, les **Flamands**, les **Alsaciens**, les **Basques**, les **Catalans** ou les **Provençaux luttent** pour le maintien de leur ***identité culturelle**, face au modèle proposé par les « **technocrates** » parisiens.

Ces minorités ont des journaux et des émissions de radio dans leur langue et ont obtenu que celle-ci soit enseignée dans certaines écoles et universités, ainsi que l'histoire et la culture de leur région.

Panneaux indicateurs en Bretagne

Cependant, il ne s'agit pas là d'un **mouvement de masse**, et il est **probable** que, dans peu de temps, les **langues minoritaires** ne seront plus **langues maternelles** dans aucune région de France à l'exception de la Corse, où un **statut** spécial devrait donner une place **prépondérante** à la langue en la rendant obligatoire à l'école.

une minorité	Minderheit ➜ ≠ *une majorité*
une spécificité	Besonderheit, Eigenart
revendiquer	fordern, verlangen ➜ = *réclamer*
affirmer	behaupten
une particularité	Besonderheit ➜ *particulier, -ière*
séparatiste	separatistisch
un,e Corse	Korse/in
l'autonomie *f*	Eigenständigkeit, Autonomie
une association	Verein, Vereinigung
une organisation	Organisation, Verband
garder	be-, erhalten
un,e Breton,ne	Bretone/Bretonin
un,e Flamand,e	Flame/Flämin
un,e Alsacien,ne	Elsässer/in
un,e Basque	Baske/Baskin
un,e Catalan,e	Katalane/Katalanin
un,e Provençal,e	Provenzale/Provenzalin
lutter	kämpfen ➜ = *se battre*
un technocrate	Technokrat
un mouvement de masse	Massenbewegung
probable	wahrscheinlich ➜ *la probabilité*
une langue minoritaire	Minderheitensprache
une langue maternelle	Muttersprache
un statut	Stellung, Statut
prépondérant, e	vorrangig
un panneau indicateur	Wegweiser

Crime et **châtiment**

La police
Elle est **chargée** de **veiller** au maintien de l'**ordre** et de la **sécurité** sur la **voie publique**, et de faire respecter les lois. Elle lutte contre la **délinquance**, la ***criminalité**, le ***terrorisme** et l'**espionnage**.

Les **gendarmes** ou les ***inspecteurs** de la **police judiciaire** (PJ) mènent l'**enquête** sur les crimes et les **délits**.

Les **CRS** (Compagnies républicaines de sécurité) sont des **unités mobiles**, qui peuvent être envoyées en n'importe quel point du territoire, p. ex. en cas d'**émeutes** ou de **manifestations** violentes.

*Les **criminels** et leurs crimes*

le **voleur**	**voler**	le **vol**
le **cambrioleur**	**cambrioler**	le **cambriolage**
		le **hold-up**
le **fraudeur**	**frauder**	la fraude
l'**escroc**		l'**escroquerie**
le **maître-chanteur**	**faire chanter**	le **chantage**
le ***kidnappeur**	***kidnapper**	le ***kidnapping**
	enlever	l'**enlèvement**
	prendre des **otages**	la **prise d'otages**
l'**assassin**	**assassiner**	l'**assassinat**
le **meurtrier**		le **meurtre**
	violer	le **viol**
le **trafiquant de drogue**		le **trafic de drogue**
le ***dealer**		le trafic de **stupéfiants**
le ***terroriste**		un ***attentat**
le ***hooligan** (le houligan)	**saccager**	des actes de violence / de vandalisme

un crime	Verbrechen
un châtiment	Strafe
charger qn de (faire) qc	jdn mit etw. beauftragen
veiller à	wachen über, Acht geben auf
l'ordre *m*	Ordnung
la sécurité	Sicherheit ➜ *sûr,e*
la voie publique	(öffentliche) Straßen
la délinquance	(Klein)Kriminalität
l'espionnage *m*	Spionage ➜ *un,e espion,ne*
un gendarme	Angehöriger der kasernierten Polizei
la police judiciaire	Kriminalpolizei
une enquête	Ermittlung ➜ *enquêter sur*
un délit	Delikt, Vergehen
les CRS *m*	Bereitschaftspolizei
une unité mobile	mobile(s) Einsatzeinheit, -kommando
une émeute	Aufruhr ➜ *une révolte*
une manifestation	Demonstration ➜ ☹ *une démonstration; Beweis*
un,e criminel,le	Verbrecher/in
un,e voleur, –euse	Dieb/in
voler	stehlen
un vol	Diebstahl
un,e cambrioleur, –euse	Einbrecher/in
cambrioler	einbrechen
un cambriolage	Einbruch
un hold-up ['ɔldœp]	Überfall
un,e fraudeur, –euse	Betrüger/in
frauder	betrügen
un escroc [ɛskʀo]	Betrüger, Hochstapler
une escroquerie	Betrug
un maître-chanteur	Erpresser
faire chanter	erpressen
le chantage	Erpressung
enlever	entführen
un enlèvement	Entführung
un otage	Geisel
une prise d'otages	Geiselnahme
un assassin	Mörder
assassiner	ermorden
un assassinat	(vorsätzlicher) Mord
un,e meurtrier, –ière	Mörder/in
un meurtre	Mord, Totschlag
violer	vergewaltigen
un viol	Vergewaltigung
un trafiquant de drogue	Drogenhändler
le trafic de drogue	Drogenhandel
les stupéfiants *m*	Rauschgift
saccager	verwüsten, vernichten

*La **justice***

La **mission** du pouvoir judiciaire est de faire respecter les lois. Les **procès civils** ont lieu devant un **tribunal d'instance** ou un **tribunal de grande instance** (pour les **affaires** plus complexes).

Pour les **procès pénaux**, on **distingue** trois degrés d'**infractions** :

- Les **contraventions** sont **jugées** devant le **tribunal de police**. Ces tribunaux **condamnent** à des **amendes** ou à de petites **peines de prison** (**ferme** ou **avec sursis**).
- Les délits sont jugés par le **tribunal correctionnel**, composé de trois **juges**.
- Les crimes sont du ressort de la **cour d'assises**. Celle-ci est composée de trois juges et d'un **jury** (neuf **jurés**).

Pour les crimes et les délits, la **procédure** est en général la suivante : Le **procureur de la République** chargé de l'affaire confie l'enquête à la PJ, qui constate l'infraction, recherche des **preuves**, procède à des **interrogatoires** et à des **perquisitions**, dresse des **procès-verbaux**, arrête des **suspects** pour les mettre en **garde à vue** et essaie d'obtenir des **aveux**.

Le **juge d'instruction** fait alors **comparaître** l'**inculpé** devant lui. Pour le **confondre**, il le **soumet** parfois à des **interrogatoires contradictoires**. C'est le juge d'instruction qui **délivre** des **mandats d'arrêt** et décide de la **détention préventive**. L'instruction peut aboutir à un **non-lieu**, ou à un ***procès** devant le tribunal **compétent**.

la justice	Rechtswesen, Justiz
une mission	*hier:* Aufgabe
un procès civil	Zivilprozess
un tribunal d'instance	Amtsgericht (für Zivilsachen)
un tribunal de grande instance	Landgericht (für Zivilsachen)
une affaire	*hier:* Fall
un procès pénal	Strafprozess
distinguer	unterscheiden → *la distinction*
une infraction	Verstoß, Übertretung
une contravention	gebührenpflichtige Verwarnung; *hier:* Gesetzesübertretung, Ordnungswidrigkeit
juger	(ab)urteilen
un tribunal de police	Amtsgericht (für Strafsachen)
condamner qn à qc	jdn zu etw. verurteilen → *la condamnation*
une amende	Geldbuße
une peine de prison	Gefängnisstrafe
ferme	*hier:* ohne Bewährung
avec sursis	auf Bewährung
un tribunal correctionnel	Landgericht (für Strafsachen)
un juge	Richter → ***E*** *judge*
une cour d'assises	Schwurgericht
un jury	Geschworenenjury
un,e juré,e	Geschworene/r
la procédure	Verfahren
le procureur de la République	Staatsanwalt
une preuve	Beweis → *prouver*
un interrogatoire	Verhör → *interroger*
une perquisition	Durchsuchung
(dresser) un procès-verbal (***pl.*** **-aux)**	Protokoll (aufnehmen)
un suspect [syspɛ]	Verdächtiger
la garde à vue	Polizeigewahrsam
un aveu (*pl.* -x)	Geständnis → *avouer*
un juge d'instruction	Untersuchungsrichter
comparaître	vor Gericht erscheinen
un,e inculpé,e	Angeklagte/r, Beschuldigte/r
confondre	überführen
soumettre	unterwerfen
un interrogatoire contradictoire	Kreuzverhör → ⚠ *une interrogation; Frage*
délivrer	*hier:* ausstellen
un mandat d'arrêt	Haftbefehl
la détention préventive	Untersuchungshaft
un non-lieu	Verfahrenseinstellung
compétent,e	*hier:* zuständig

Pendant l'**audience**, le président interroge le **prévenu** (en correctionnelle) ou l'**accusé** (s'il s'agit d'une cour d'assises). On **appelle à la barre** les **témoins à charge** ou **à décharge**. Pour les obliger à dire la **vérité**, on leur demande de **témoigner** sous **serment**. Après les ***plaidoiries**, le jury **se retire** pour **délibérer** avant de rendre son **jugement**.

Un accusé peut **plaider coupable** ou **non coupable**. L'**avocat de la défense** peut affirmer, par exemple, que son **client** se trouvait en état de **légitime défense** ou demander les **circonstances atténuantes** pour **adoucir** le **verdict**. Si l'une des **parties** n'est pas d'accord avec le jugement, elle peut demander à la **cour d'appel** de rejuger l'affaire.

La **Cour de cassation** peut **casser** un jugement si sa forme n'est pas correcte ou si une des parties estime que la décision est contraire à la loi. L'affaire est alors **renvoyée** devant la cour d'appel. **À l'issue** d'un procès, si l'accusé n'est pas **acquitté**, il peut être condamné à une peine de prison, parfois **à perpétuité**.

La **défense nationale**

Les **forces armées** sont chargées d'assurer l'**intégrité** du territoire et de **défendre** la population contre toute **agression** ou ***invasion**. Le président de la République est également **chef des armées**. C'est lui qui nomme les ***officiers** des **armées de terre**, **de mer** (la ***marine**) et **de l'air**, ainsi que ceux de la **gendarmerie nationale**.

L'armée française **dispose** d'**armes conventionnelles** et **nucléaires**. C'est maintenant une armée de métier, composée de **militaires de carrière**. Le **service militaire** (ou service national) n'y est plus obligatoire, contrairement à l'Allemagne où les **objecteurs de conscience** doivent effectuer un **service civil** dans un **organisme** social ou culturel.

une audience	Gerichtsverhandlung
un,e prévenu,e	Angeklagte/r
un,e accusé,e	Angeklagte/r
appeler à la barre	in den Zeugenstand rufen
un témoin à charge	Belastungszeuge
un témoin à décharge	Entlastungszeuge
la vérité	Wahrheit ➜ *vrai,e*
témoigner	zeugen, bezeugen
un serment	Eid ➜ *prêter serment; schwören*
se retirer	sich zurückziehen
délibérer	beraten ➜ *la délibération*
un jugement	Urteil
plaider coupable	sich schuldig bekennen
non coupable	nicht schuldig
l'avocat *m* de la défense	Anwalt, Strafverteidiger
le client (d'un avocat)	Mandant
la légitime défense	Notwehr
les circonstances *f* atténuantes	mildernde Umstände
adoucir	mildern, erleichtern ➜ *doux, douce*
un verdict	(Urteils)Spruch
une partie	Prozesspartei ➜ ⚠ *le parti; (polit.) Partei*
la cour d'appel	Berufungsgericht
la Cour de cassation	Kassationsgericht (höchste Berufungsinstanz, *etwa:* Bundesgerichtshof)
casser	zerbrechen; *hier:* aufheben, für ungültig erklären
renvoyer	*hier:* zurückverweisen
à l'issue de	am Ende/Schluss
acquitter	freisprechen ➜ *un acquittement*
à perpétuité	lebenslänglich

la défense (nationale)	(Landes)Verteidigung
les forces armées	Streitkräfte
l'intégrité *f*	Unversehrtheit, Unverletzlichkeit
défendre	verteidigen ➜ ≠ *attaquer*
une agression	Angriff
le chef des armées	Oberbefehlshaber
l'armée *f* de terre	Landstreitkräfte, Heer
l'armée *f* de mer	Seestreitkräfte, Marine
l'armée *f* de l'air	Luftstreitkräfte, -waffe
la gendarmerie nationale	kasernierte Polizei
disposer de	verfügen über
une arme	Waffe ➜ *armer qn*
les armes conventionnelles	konventionelle Waffen
les armes nucléaires	Atom-, Kernwaffen
un militaire de carrière	Berufssoldat
le service militaire	Wehrdienst
un objecteur de conscience	Wehrdienstverweigerer
la conscience	Gewissen
le service civil	Zivildienst
un organisme	Organisation, Vereinigung

a) Retrouvez les antonymes (≠) ou synonymes (=) des mots ci-dessous.

1. responsable ≠ ____________________
2. un meurtre = ____________________
3. la dépendance ≠ ____________________
4. un échec ≠ ____________________
5. une révolte = ____________________
6. l'équilibre *m* ≠ ____________________
7. la majorité ≠ ____________________
8. réclamer = ____________________
9. plaider coupable ≠ ____________________
10. le vote = ____________________
11. un témoin à charge ≠ ____________________
12. anti-européen,ne ≠ ____________________
13. la politique intérieure ≠ ____________________
14. un dealer = ____________________
15. la centralisation ≠ ____________________
16. l'égalité *f* ≠ ____________________
17. désirer = ____________________
18. condamner qn ≠ ____________________
19. une peine de prison ferme ≠ ____________________
20. un jugement = ____________________

b) Complétez la grille suivante.

nom	nom allemand	mot(s) de la même famille
un escroc	Betrüger, Hochstapler	une escroquerie
	Demonstration	
		défendre
une élection		
un cambriolage		
	Diebstahl	
		décider
		administratif, -ive
un assassin		
	Wirtschaft	
un,e juge		
	Zeuge	
		responsable
		législatif, -ive
la fraude		
	Erpressung	
la sécurité		
un,e meurtrier, -ière		

Economie

Le rôle de l'Etat

On distingue traditionnellement deux **systèmes économiques** opposés : l'**économie de marché** des pays dits ***capitalistes**, dans laquelle l'Etat **intervient** peu, et l'**économie planifiée**, où l'Etat **fixe** les objectifs de chaque **entreprise**.

Il est cependant rare qu'un des systèmes existe encore de façon pure. Dans de nombreux pays, on trouve un système **intermédiaire** : l'Etat établit des ***plans** à plus ou moins **long terme** (p. ex. un plan **quinquennal**) fixant les grandes lignes de la politique économique. Mais le **marché** fonctionne d'après les règles de la **libre-entreprise**, et suit les lois de l'**offre** et de la **demande**. Dans le cas de l'**économie sociale de marché**, l'Etat intervient principalement **à l'aide** de lois sociales et de ***subventions**.

En France, après une période marquée par un certain **dirigisme étatique** accompagné de nationalisations d'entreprises, la tendance est globalement à la **libéralisation** et aux **privatisations**.

Les grandes **orientations financières** et **économiques** sont **déterminées** par les **ministres de l'Economie** et des **Finances**, **conseillés** par des équipes d'**économistes**. Depuis 1998, la **politique monétaire** des Etats de la ***zone euro** est régie par un nouvel organisme : la **Banque centrale européenne (BCE)**. Basée à Francfort, la BCE est politiquement indépendante des gouvernements nationaux et des institutions de l'Union européenne (UE). Elle est chargée, entre autres, d'assurer la ***stabilité** des prix à l'intérieur de la zone concernée, de fixer les **taux d'intérêt** et de **mener** la **politique de change** de l'euro. Elle fonctionne en parallèle avec les **Banques nationales** ou **fédérales**, qui n'ont pas disparu avec sa **création** et continuent de prendre des décisions au niveau national.

La mondialisation

Depuis quelques années, on assiste, dans tous les **domaines**, à une **extension** rapide des échanges internationaux. Ce ***phénomène**, appelé mondialisation, se manifeste clairement dans le développement des **échanges commerciaux** ; le **commerce** mondial progresse sans arrêt, et les **mouvements de capitaux** se multiplient. Les raisons de cette évolution sont en partie ***technologiques** (utilisation de

l'économie *f*	Wirtschaft
un système économique	Wirtschaftssystem
l'économie *f* de marché	Marktwirtschaft
intervenir	eingreifen ➜ *une intervention*
l'économie planifiée	Planwirtschaft
fixer	festlegen, bestimmen
une entreprise	Unternehmen ➜ *entreprendre; un entrepreneur*
intermédiaire	Zwischen-, Mittel-
à long terme	langfristig ➜ ≠ *à court terme*
quinquennal,e	Fünfjahres-
le marché	Markt
la libre-entreprise	freies Unternehmertum
l'offre *f*	Angebot
la demande	Nachfrage
l'économie *f* sociale de marché	soziale Marktwirtschaft
à l'aide *f* de	mit Hilfe von
le dirigisme étatique	straffe staatliche Lenkung
la libéralisation	Liberalisierung
la privatisation	Privatisierung
une orientation	Orientierung, Ausrichtung, Leitlinie
financier, –ière	Finanz-
économique	wirtschaftlich
déterminer	festlegen
le ministre de l'Economie	Wirtschaftsminister
le ministre des Finances	Finanzminister
conseiller qn	jdn beraten ➜ *un conseil*
un économiste	Wirtschaftswissenschaftler, -fachmann
la politique monétaire	Währungspolitik
la Banque centrale européenne (BCE)	europäische Zentralbank (EZB) ➜ ⚠ *le banc; (Sitz)Bank*
le taux d'intérêt	Zinssatz
mener	*hier:* betreiben, durchführen
la politique de change	Devisenpolitik
la Banque nationale	Nationalbank
la Banque fédérale	Bundesbank
une création	Gründung
la mondialisation	Globalisierung
un domaine	Gebiet, Bereich
une extension	Ausweitung, Ausdehnung
l'échange *m* commercial	Warenaustausch
le commerce	Handel
le mouvement de capitaux	Kapital-, Geldfluss

l'Internet) et politiques (**chute** du communisme, possibilité pour les entreprises de ***fusionner** à travers le monde entier), mais avant tout économiques. Pour réduire les coûts et tenir tête à la concurrence internationale, les entreprises **investissent** à l'étranger et **délocalisent** leur ***production** (surtout vers les pays du **Tiers-Monde**).

Pour les **partisans** de la mondialisation, l'essor des échanges commerciaux lié à l'ouverture des marchés est la garantie d'une **croissance** élevée. Mais la ***globalisation** a aussi de nombreux **adversaires**, qui organisent des manifestations pour en **dénoncer** les dangers, p. ex. des inégalités de plus en plus grandes entre riches et pauvres et l'**augmentation** du chômage à cause des fusions et **délocalisations**. Ils critiquent également l'**uniformisation** des cultures et des **modes de vie** d'un bout à l'autre de la ***planète**.

Le circuit économique

Le circuit économique fonctionne bien en période de **plein-emploi** et de croissance économique. La ***productivité** est alors bonne, grâce à la **rationalisation** et à l'***automatisation**. La monnaie est **forte**, la **balance des paiements** est **équilibrée** et le **produit national brut (PNB)** élevé.

Mais le moindre changement à n'importe quel endroit du circuit a des conséquences graves : des structures industrielles **dépassées**, des produits de qualité **médiocre** ou mal **adaptés** aux **besoins** du marché, ou un **retard** technologique réduisent la **compétitivité**, entraînent une **diminution** des **marges bénéficiaires**, et peuvent provoquer des **faillites**. Les **dépenses publiques** (aides aux secteurs industriels en difficulté et aux **salariés** sans emploi, p. ex.) augmentent, ce qui **provoque** un **déficit budgétaire**. L'***instabilité** monétaire qui en **résulte** oblige le gouvernement à des **dévaluations** et **réévaluations** successives.

La **hausse** des prix (due p. ex. à un **accroissement** de la demande ou à des **coûts de production** élevés) fait **baisser** le **pouvoir d'achat**. D'autre part, si on **augmente** les salaires, on assiste à une spirale prix-salaires : c'est l'***inflation** (et, à long terme, la ***récession**). Il devient plus difficile d'***exporter**, et les **produits d'importation inondent** le marché.

Le gouvernement peut alors être tenté d'**abandonner** le principe du **libre-échange** et d'avoir recours au ***protectionnisme** en imposant p. ex. des **taxes douanières**.

une chute	Fall, Sturz
investir	investieren → *un investissement*
délocaliser	ins Ausland verlagern, auslagern
le Tiers-Monde	Dritte Welt
un,e partisan,e	Anhänger/in
la croissance	Wachstum → *croître*
un,e adversaire	Gegner/in
dénoncer qc	anprangern
une augmentation	Erhöhung, Zunahme
une délocalisation	Auslagerung, Verlagerung ins Ausland
l'uniformisation *f*	Vereinheitlichung, Gleichmachung
un mode de vie	Lebensart, -weise
le circuit économique	Wirtschaftskreislauf
le plein-emploi	Vollbeschäftigung
la rationalisation	Rationalisierung
fort,e	stark
la balance des paiements	Zahlungsbilanz
équilibré,e	ausgeglichen
le produit national brut (PNB)	Bruttosozialprodukt
dépassé,e	veraltet → = *démodé,e*
médiocre	mittelmäßig → *la médiocrité*
adapter qc à qc/qn	anpassen
le besoin	Bedürfnis, Erfordernis
le retard	*hier:* Rückstand
la compétitivité	Wettbewerbsfähigkeit
une diminution	Verringerung
une marge bénéficiaire	Gewinnspanne
une faillite	Konkurs, Pleite
les dépenses *f* publiques	öffentliche Ausgaben
un,e salarié,e	Arbeitnehmer/in
provoquer	verursachen, auslösen
le déficit budgétaire	Haushaltsdefizit
résulter de qc	sich aus etw. ergeben
une dévaluation	Abwertung
une réévaluation	Aufwertung
une hausse	Erhöhung, Steigerung → ≠ *une baisse*
un accroissement	Steigerung
les coûts *m* (de production)	(Herstellungs-, Produktions-)Kosten
baisser	senken
le pouvoir d'achat	Kaufkraft
augmenter	erhöhen → ≠ *diminuer*
un produit d'importation	Importprodukt
inonder	überschwemmen → *une inondation*
abandonner	aufgeben → *l'abandon m*
le libre-échange	Freihandel
une taxe douanière	Zoll(gebühren)

Le circuit économique

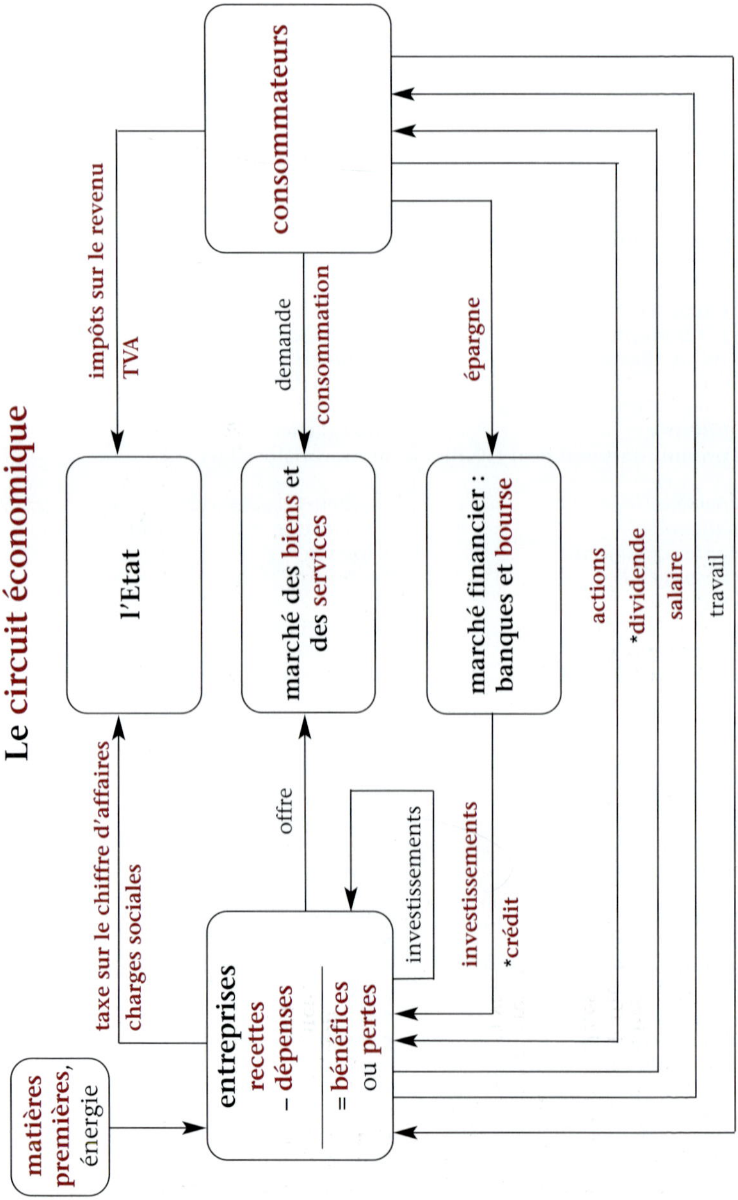

le circuit économique	Wirtschaftskreislauf
les matières premières	Rohstoffe
une taxe	Abgabe, Steuer
le chiffre d'affaires	Umsatz
la taxe sur le chiffre d'affaires	Umsatzsteuer
les charges sociales	Sozialabgaben
un impôt	Steuer
le revenu	Einkommen
l'impôt *m* sur le revenu	Einkommensteuer
TVA (la taxe à la valeur ajoutée)	Mehrwertsteuer
la recette	Einnahme
la dépense	Ausgabe
le bénéfice	Gewinn
la perte	Verlust → *perdre*
les biens *m*	Güter
les services *m*	Dienstleistungen
la consommation	Verbrauch
un,e consommateur, –trice	Verbraucher
un investissement	Investition
la bourse	Börse
l'épargne *f*	Ersparnisse → *la caisse d'épargne; Sparkasse*
une action	Aktie
un salaire	Lohn, Gehalt → *un,e salarié,e; Gehaltsempfänger/in*

Les **secteurs** de l'économie

Le secteur primaire

Le secteur primaire est constitué par les entreprises qui **exploitent** les **ressources naturelles**.

L'**agriculture** : La France est la première puissance **agricole** de l'Union européenne. La **surface cultivée** atteint près de 55 % du territoire. La diversité des **sols** et les **conditions climatiques** permettent au pays d'occuper une place importante aussi bien dans la ***production** de **céréales** que dans la **culture** des fruits et légumes et de la **vigne**. Selon les régions, l'**élevage** est pratiqué pour la production **laitière** ou pour la viande.

L'agriculture française a dû modifier profondément ses structures, afin de faire face à la ***concurrence étrangère** et de garder un **rendement compétitif** tout en évitant les **excédents causés** par la **surproduction**.

Aujourd'hui, les **exploitants agricoles** sont obligés de ***rationaliser** leur production ; les **remembrements**, les **regroupements**, la **mécanisation** et la spécialisation sont devenus nécessaires pour créer des **exploitations** à haute productivité.

La **forêt** : Elle représente 25 % du territoire et est surtout exploitée pour la **menuiserie**, très peu pour la fabrication du papier.

La **pêche** s'oriente vers des formes industrielles, ce qui provoque un **déclin** de la pêche **artisanale** et rend difficile la situation des **marins-pêcheurs**.

Les **richesses du sous-sol** sont peu **abondantes**. Les **mines** de **charbon**, autrefois un **facteur économique** important surtout dans le nord et l'est de la France, ont fermé les unes après les autres : elles n'étaient plus assez ***rentables**. Les **régions minières**, ainsi que les régions vivant de l'**industrie lourde**, ont été obligées de **se reconvertir**.

un secteur	*hier:* Zweig
le secteur primaire	primärer Sektor
exploiter	ausbeuten, erschließen, nutzbar machen ➜ *l'exploitation f*
les ressources naturelles	natürliche Vorkommen, Ressourcen
l'agriculture *f*	Landwirtschaft, Ackerbau ➜ *un,e agriculteur, -trice*
agricole	landwirtschaftlich, Landwirtschafts-
la surface cultivée	Anbaufläche
le sol	Boden
les conditions *f* **climatiques**	klimatische Bedingungen
les céréales *f*	Getreide ➜ ***E*** *cereals*
la culture	Anbau
la vigne	Rebe; Weinberg
l'élevage *m*	Viehzucht ➜ *un éleveur*
laitier, –ière	Milch- ➜ *le lait*
étranger, –ère	ausländisch
le rendement	Ertrag
compétitif, –ive	wettbewerbsfähig
un excédent	Überschuss
causer	verursachen ➜ *la cause; Ursache, Grund*
la surproduction	Überproduktion
un,e exploitant,e agricole	Landwirt/in
le remembrement	Flurbereinigung
un regroupement	Zusammenschluss
la mécanisation	Mechanisierung
une exploitation (agricole)	(landwirtschaftlicher) Betrieb
la forêt	Wald
la menuiserie	Schreinerei, Tischlerei; Schreinerhandwerk
la pêche	Fischfang ➜ *pêcher,* ⚠ *la pêche; Pfirsich*
le déclin	Niedergang
artisanal,e	handwerklich, *hier:* im Kleinen
un marin-pêcheur	(Meeres)Fischer
les richesses *f* **du sous-sol**	Bodenschätze
abondant,e	reichlich ➜ *l'abondance f*
une mine	Mine, Bergwerk
le charbon	Kohle
un facteur économique	Wirtschaftsfaktor
une région minière	Bergbaugebiet
l'industrie lourde	Schwerindustrie
se reconvertir	sich umstellen

*Le **secteur secondaire** (l'industrie)*
Les **artisans**, les petites et **moyennes entreprises (PME)**, les grandes entreprises nationalisées ou privées (p. ex. **sociétés anonymes** – SA ou **sociétés à responsabilité limitée** – SARL) et les **multinationales** participent à l'activité industrielle, c'est-à-dire à la **transformation** des **matières premières** en **biens d'équipement** ou de **consommation**.

La France fait partie des grands pays ***industrialisés**. Le **commerce extérieur** dépend, dans une large mesure, du secteur secondaire. Mais l'**industrialisation** n'est pas **homogène** sur tout le terri-toire ; à l'origine, le **développement** s'est fait en fonction des richesses du sous-sol, des **sources d'énergie** et des voies de communication.

Cependant, grâce aux nouvelles ***technologies**, ces facteurs ont perdu de leur importance. L'**implantation** des nouveaux **pôles** industriels **s'effectue** le long des côtes, dans les **zones portuaires**, ou dans les régions dotées d'**oléoducs**, de **gazoducs** ou de **centrales électriques**. L'Etat **favorise** la décentralisation de l'industrie vers les **technopoles** de province.

La fin du XXe siècle a été marquée par une nouvelle révolution industrielle. La production a été largement ***automatisée**, ce qui a entraîné une forte **diminution** des **effectifs** : un **robot** coûte moins cher qu'un **ouvrier**. L'industrie moderne a besoin de **main-d'œuvre** très **qualifiée** : l'évolution des techniques rend nécessaire une **formation professionnelle** de plus en plus ***spécialisée** et une **mise à jour** permanente des connaissances.

Les grands secteurs de l'industrie
Pour les **industries de base**, la situation n'est pas **florissante** : la **métallurgie** et la **sidérurgie**, industries anciennes, doivent se moderniser pour pouvoir **survivre**, ce qui suppose d'importantes **restructurations**. La **nécessité** d'adapter la production aux besoins du marché oblige souvent à des **compressions de personnel**.

En ce qui concerne les **industries de transformation**, elles sont, en partie, en difficulté. Dans certaines ***branches**, telles que le ***textile**, la **construction automobile** ou l'**électroménager**, la concurrence étrangère est très **rude**, et des efforts constants sont nécessaires pour **abaisser** les **coûts de fabrication**.

le secteur secondaire	sekundärer Sektor, Industriesektor
un artisan	Handwerker ➜ ⚠ *un artiste; Künstler*
une entreprise moyenne	mittelständisches Unternehmen
une société anonyme	Aktiengesellschaft
une société à responsabilité limitée	Gesellschaft mit beschränkter Haftung
une multinationale	multinationaler Konzern, Multi
la transformation	*hier:* Verarbeitung
les matières premières *f*	Rohstoffe
les biens *m* **d'équipement**	Ausrüstungs-, Investitionsgüter
les biens *m* **de consommation**	Verbrauchs-, Konsumgüter
le commerce extérieur	Außenhandel
l'industrialisation *f*	Industrialisierung
homogène	homogen, gleichmäßig ➜ ≠ *hétérogène*
le développement	Entwicklung ➜ *développer*
une source d'énergie	Energiequelle
une implantation	Niederlassung
un pôle	*hier:* Zentrum
s'effectuer	zu Stande kommen, sich vollziehen
une zone portuaire	Hafengebiet, -bereich
un oléoduc	Erdölleitung, Pipeline
un gazoduc	Erdgasleitung
une centrale électrique	Elektrizitätswerk
favoriser	begünstigen
une technopole	technologische Metropole, Technologiezentrum
la diminution	Verringerung, Verkleinerung
les effectifs *m*	Personalbestand, Belegschaft
un robot	Roboter
un,e ouvrier, -ière	Arbeiter
la main-d'œuvre	Arbeitskräfte
qualifié,e	qualifiziert, gut ausgebildet
la formation professionnelle	berufliche Ausbildung
une mise à jour	Aktualisierung
l'industrie *f* **de base**	Grundstoffindustrie
florissant,e	blühend
la métallurgie	Hütten-, Metallindustrie
la sidérurgie	Eisen- und Stahlindustrie
survivre	überleben ➜ ***E*** *survive*
une restructuration	Umstrukturierung
une nécéssité	Notwendigkeit
une compression de personnel	Personalabbau
l'industrie *f* **de transformation**	verarbeitende Industrie
la construction automobile	Automobilbau, -industrie
l'électroménager *m*	Industrie für elektrische Haushaltsgeräte
rude	hart, unerbittlich
abaisser	erniedrigen, senken ➜ ≠ *augmenter*
les coûts *m* **de fabrication**	Herstellungskosten

Le **bâtiment** et les **travaux publics (BTP)** sont très **exposés** aux **fluctuations** de la ***conjoncture**. Ils dépendent, pour beaucoup, des investissements des **pouvoirs publics**.

Quelques **branches** de la **chimie** sont en **expansion** : ***pétrochimie**, produits ***pharmaceutiques**, **engrais** ou **matières plastiques**.

L'**industrie agro-alimentaire** réalise un **excédent à l'exportation**. Elle **traite** la production agricole nationale : **aliments** à base de céréales, sucres, **produits laitiers**, boissons (alcoolisées ou non), ***conserves**, **plats cuisinés**, **produits surgelés**.

L'**industrie de pointe**, qui **fait appel** à la **haute technologie**, se porte bien. C'est le secteur qui arrive en tête pour les dépenses de recherche et de développement. Les **constructions** électrique et ***électronique** sont **exportatrices**. La France occupe une **position dominante** dans le **matériel** ferroviaire (TGV), et dans les domaines **aéronautique** et **spatial**.

Le secteur tertiaire
Il comprend :

- Les services **non-marchands**, fournis par les administrations publiques et ***financés** par les impôts : p. ex. l'enseignement ou l'entretien des routes.
- Les services marchands : transports, banques, **assurances**, **professions libérales**.
- Le **commerce** : actuellement, la **distribution** est en pleine mutation, les techniques de **vente** (**par correspondance**, sur Internet, en **libre-service**) **évoluent**. Face aux **supermarchés** et **hypermarchés** qui peuvent se permettre de **casser les prix**, les **petits commerçants** sont souvent obligés, pour survivre, de se spécialiser, ou de s'installer dans des **galeries marchandes** ou dans les **centres commerciaux** des **grands magasins**.

Le secteur tertiaire connaît une **progression** continue dans les pays industrialisés. Ses effectifs, **à l'opposé de** ceux de l'industrie, sont en augmentation. En France, il emploie 2 **actifs** sur 3.

le bâtiment	*hier:* Baugewerbe
les travaux publics	Bauarbeiten der öffentlichen Hand
exposé,e	ausgesetzt
une fluctuation	Schwankung
les pouvoirs publics	öffentliche Hand
une branche	Zweig, Branche
la chimie	Chemie, Chemieindustrie
l'expansion *f*	Ausweitung, Aufschwung
un engrais	Dünger, Düngemittel
une matière plastique	Kunststoff
l'industrie *f* agro-alimentaire	Nahrungsmittelindustrie
un excédent à l'exportation	Exportüberschuss
traiter	behandeln, verarbeiten
un aliment	Nahrungsmittel
un produit laitier	Milch-, Molkereiprodukt
un plat cuisiné	Fertiggericht
un produit surgelé	Tiefkühlgericht, -produkt
l'industrie *f* de pointe	Spitzen-, Schlüsselindustrie
faire appel à	sich wenden an; *hier:* zurückgreifen auf
la haute technologie	Hoch-, Spitzentechnologie
la construction	*hier:* Fertigungsbereich
exportateur, –trice	exportierend, Ausfuhr-
une position dominante	beherrschende Stellung
le matériel	Gerät, Material, Ausrüstung
aéronautique	Luftfahrt-
spatial,e	Raumfahrt- → *l'espace m; Weltraum*
le secteur tertiaire	Dienstleistungssektor
(non-)marchand,e	(nicht) Handel treibend
une assurance	Versicherung
les professions libérales	freie Berufe
le commerce	Handel
la distribution	(Waren)Vertrieb
la vente	Verkauf → ≠ *l'achat m*
la vente par correspondance	Versandhandel
le libre-service	Selbstbedienung
évoluer	sich (weiter)entwickeln
un supermarché	Supermarkt
un hypermarché	Einkaufszentrum, großer Supermarkt
casser les prix	Preise brechen
un petit commerçant	Einzelhändler
une galerie marchande	Einkaufspassage
un centre commercial	Einkaufszentrum
un grand magasin	Kauf-, Warenhaus
la progression	Zunahme
à l'opposé de	im Gegensatz zu
un,e actif, -ive	ein,e Berufstätige/r

*Le *tourisme*

La France est le pays le plus **visité** du monde. La diversité des paysages et des sites, le soleil au bord de la **Méditerranée**, les **trésors** de l'art ancien et les diverses **manifestations artistiques**, sans oublier la ***gastronomie**, attirent un grand nombre de **visiteurs**.

Toute une « industrie » s'est développée autour des vacances : pour augmenter la **capacité d'accueil** et **attirer** encore plus de touristes, on a construit de nouveaux hôtels, **aménagé** des **stations balnéaires** et des **stations de ski**, et installé des **équipements** de sports d'hiver (***pistes**, **remonte-pentes**, **télésièges** et **téléphériques**). Une organisation de plus en plus **compétente** de **syndicats d'initiative**, d'**offices de tourisme** et de **tour-opérateurs** est au service des **vacanciers**.

L'équipement hôtelier comprend des hôtels classés d'une à quatre **étoiles** d'après le degré de ***confort** et de **luxe** qu'on y trouve, ainsi que des **auberges** et des **gîtes ruraux**. Les ***motels** permettent aux automobilistes de **faire étape** sans s'**écarter** de leur **itinéraire**. On **s'efforce** également de développer les **formules d'hébergement économiques** : maisons familiales, **villages de vacances**, **auberges de jeunesse**. Le ***camping** et le **caravaning** connaissent un succès croissant ; les **installations** sont souvent très perfectionnées.

Beaucoup de gens préfèrent un **voyage organisé** ou un **voyage à prix forfaitaire** aux vacances individuelles. Dans les clubs de vacances et les **hôtels-clubs** tout est **conçu** pour donner aux vacanciers l'illusion d'une société idéale, basée sur la joie et la liberté ; l'**ambiance** y est garantie.

Station de Tignes, en Savoie

visiter	besuchen, *auch:* besichtigen
la Méditerranée	Mittelmeer
un trésor	Schatz
une manifestation	*hier:* Veranstaltung
artistique	künstlerisch
un visiteur	Besucher
la capacité d'accueil	Aufnahmekapazität, Fassungsvermögen
attirer	anziehen, anlocken ➜ *une attraction*
aménager	einrichten; um-, ausbauen ➜ *l'aménagement m*
une station balnéaire	Seebad
une station de ski	Skiort, Wintersportort
un équipement	Anlage, Ausstattung
un remonte-pente	Skilift, Schlepplift
un télésiège	Sessellift
un téléphérique	Drahtseilbahn
compétent,e	sachkundig
un syndicat d'initiative	Fremdenverkehrsverein
un office de tourisme	Fremdenverkehrsbüro
un tour-opérateur	Reiseveranstalter ➜ = *un,e voyagiste*
un,e vacancier, –ière	Urlauber/in
une étoile	Stern
le luxe	Luxus
une auberge	einfaches Hotel, Gasthaus
un gîte rural	Unterkunft auf dem Lande/dem Bauernhof
faire étape	Halt machen, Station machen
s'écarter de qc/qn	sich entfernen von ➜ = *s'éloigner*
un itinéraire	Reise-, Fahrstrecke
s'efforcer de	sich anstrengen, sich bemühen
une formule d'hébergement	Unterbringungsform, -art
économique	*hier:* billig, preiswert ➜ = *bon marché*
un village de vacances	Feriendorf
une auberge de jeunesse	Jugendherberge
le caravaning	Reisen mit dem Wohnwagen
une installation	Einrichtung
un voyage organisé	Gesellschafts-, Gruppenreise
un voyage à prix forfaitaire	Pauschalreise
un hôtel-club	Clubhotel
concevoir	entwerfen, konzipieren
l'ambiance *f*	Stimmung, Atmosphäre

Pour les régions pauvres, le tourisme représente un **moyen** d'évoluer et de se ***moderniser** ; il favorise le développement de l'***infrastructure** et l'**assainissement** des villes. Les voyageurs apportent des ***devises** étrangères, ce qui joue un rôle **capital** dans l'**équilibre** de la **balance commerciale**.

D'un autre côté, l'architecture **destinée** à **accueillir** le tourisme de masse **enlaidit** le paysage et supprime le **pittoresque**. Dans les régions très touristiques, les **plages** sont polluées et la montagne est **abîmée**. Mais on commence un peu partout à se rendre compte qu'il faut **préserver** la nature parce qu'elle est un **atout** important pour gagner la **faveur** des touristes.

Le tourisme **freine** l'exode rural en créant des emplois sur place ; mais il risque également de **détruire** les **structures sociales** traditionnelles. La ***saison** touristique est en général courte, les possibilités de travailler et de **se distraire** sont rares pendant la **morte-saison**, et il suffit parfois d'une année de moindre **affluence** pour provoquer de graves problèmes économiques dans une région qui dépend entièrement du tourisme.

Conditions de travail

Depuis la Seconde Guerre mondiale, les conditions de travail se sont sensiblement **améliorées**. La **durée hebdomadaire du travail** a été progressivement **réduite** : en France, elle est de 35 heures. Les salariés ont droit à cinq semaines de **congés payés** par an, en plus des **jours fériés**. L'âge de la **retraite** a été abaissé à 60 ans. Le **SMIC** (Salaire minimum interprofessionnel de croissance) a été **instauré** pour garantir le **minimum vital** à tous ceux qui travaillent.

A côté du travail à **temps complet**, parfois avec **horaires à la carte**, se sont développées d'autres formules qui constituent aussi des **solutions de dépannage** en période de chômage : travail à **mi-temps**, à **temps partiel** ou **par intérim**, **contrat à durée déterminée (CDD)**, ***job-sharing**. Ce sont surtout les femmes qui **ont recours à** ces possibilités, car elles leur permettent de **concilier** vie familiale et **activité professionnelle**.

un moyen	Mittel, Möglichkeit ➜ ⚠ *la moyenne; Durchschnitt*
l'assainissement *m*	Sanierung ➜ *assainir*
capital,e	wesentlich, entscheidend
l'équilibre *m*	Gleichgewicht ➜ ≠ *le déséquilibre*
la balance commerciale	Handelsbilanz
destiner qc/qn à qc	bestimmen zu/für
accueillir	empfangen, aufnehmen ➜ *l'accueil m*
enlaidir	verunstalten
pittoresque	malerisch
une plage	Strand
abîmer	zerstören, beschädigen
préserver	erhalten
un atout	Trumpf
la faveur	Gunst
freiner	bremsen ➜ *un frein*
détruire	zerstören ➜ *la destruction*
une structure sociale	gesellschaftliche/s Struktur, Gefüge
se distraire	sich zerstreuen, sich unterhalten
la morte-saison	geschäftlich stille Zeit, „Saure-Gurken-Zeit"
l'affluence *f*	Zustrom
la condition	Bedingung
améliorer	verbessern ➜ *une amélioration*
la durée hebdomadaire du travail	wöchentliche Arbeitszeit
réduire	verkürzen, verringern ➜ *la réduction*
les congés payés	bezahlter Urlaub
un jour férié	Feiertag
la retraite	Rente, Pension ➜ *un,e retraité,e; Rentner/in*
le SMIC	gesetzlicher Mindestlohn
instaurer	einsetzen, einführen
le minimum [minimɔm] **vital**	Existenzminimum
à temps complet	Vollzeit-
un horaire à la carte	Gleitzeit
une solution de dépannage	Verlegenheits-, Notlösung
à mi-temps	Halbtags-
à temps partiel	Teilzeit-
le travail par intérim / l'intérim *m* [ɛ̃teʀim]	Leiharbeit, Zeitarbeit
un contrat	Vertrag
à durée déterminée	befristet
avoir recours à	zurückgreifen auf
concilier	in Einklang bringen, miteinander vereinbaren
l'activité professionnelle	Berufstätigkeit

Les catégories socio-professionnelles

*Les **agriculteurs***

L'agriculteur moderne n'a plus grand-chose à voir avec le **paysan** d'autrefois qui **labourait** la terre de sa petite **ferme**, **semait** et **récoltait** à l'aide d'un cheval ou de quelques machines. De nos jours, l'**exploitant agricole** est souvent comparable à un chef d'entreprise. Il a fait des études et possède des connaissances techniques et économiques **poussées**. La concurrence internationale et la mécanisation des travaux agricoles ont pour conséquence un rapide déclin de l'emploi. Aujourd'hui, moins de 3 % de la population active travaille dans l'agriculture.

*Les **artisans** et les **commerçants***

Entreprises artisanales et **petits commerces** se caractérisent par un nombre très **limité** de salariés ; ils emploient souvent des membres de la famille.

La plupart des artisans travaillent dans le bâtiment (**maçons**, **peintres**, **menuisiers** p. ex.) et la **réparation** (**mécaniciens**, **électriciens**). Font aussi partie de l'**artisanat** certains métiers de l'alimentation (**boulanger**, **pâtissier**, **boucher**, **charcutier**) qui, en France, sont beaucoup moins industrialisés qu'en Allemagne, et les métiers des soins à la personne (**coiffeur** p. ex.). Une récente **revalorisation** du **travail manuel**, le **goût** de l'**indépendance**, mais aussi la peur du chômage ont décidé un certain nombre d'artisans à **s'installer à leur compte**.

La **compétence**, la **capacité d'adaptation** et une plus grande ***spécialisation** sont des conditions nécessaires à la **survie** des petits commerçants ; en effet, la ***concentration** du commerce dans les **grandes surfaces** leur est souvent fatale. Leur **point fort** est d'être très proches de leur **clientèle**. Bien souvent les **clients** sont prêts à payer plus cher les **marchandises** en échange d'un service plus personnel. Ils apprécient la **proximité** des petits commerces, mais aussi leurs **horaires** plus ***flexibles** que ceux des hypermarchés, et la possibilité d'y obtenir des **conseils** sur les produits qu'ils veulent acheter.

un,e agriculteur, -trice	Landwirt/in → *l'agriculture f*
un,e paysan,ne	Bauer/Bäuerin
labourer	pflügen, (Boden) bearbeiten
une ferme	Bauernhof
semer	(aus)säen
récolter	ernten → *la récolte*
un,e exploitant,e agricole	Landwirt/in
poussé,e	ausführlich, eingehend, vertieft

un artisan	Handwerker
un,e commerçant,e	Händler
une entreprise artisanale	Handwerksbetrieb
un petit commerce	Einzelhandelsgeschäft
limité,e	begrenzt

un maçon	Maurer
un peintre	Maler, Anstreicher → *peindre*
un menuisier	Schreiner
la réparation	Reparatur, Instandsetzung
un mécanicien	(Auto)Mechaniker
un électricien	Elektriker
l'artisanat *m*	Handwerk, Handwerksstand
un,e boulanger, -ère	Bäcker/in
un,e pâtissier, -ière	Konditor/in
un,e boucher, -ère	Metzger/in
un,e charcutier, -ière	Metzger/in, Fleischer
un,e coiffeur, -euse	Frisör/Frisörin → *coiffer; kämmen*
la revalorisation	Aufwertung
le travail manuel	Handarbeit
le goût	Geschmack, Neigung
l'indépendance *f*	Unabhängigkeit → ***E*** *independence*
s'installer à son compte	sich selbstständig machen

la compétence	Kompetenz, Fachkenntnis
la capacité d'adaptation	Flexibilität, Anpassungsfähigkeit
la survie	Überleben
une grande surface	Verbrauchermarkt
un point fort	Stärke
la clientèle	Kundschaft
un,e client,e	Kunde/Kundin
une marchandise	Ware
la proximité	Nähe → *proche*
un horaire	*hier:* Öffnungszeit
un conseil	Rat, Beratung

Les cadres et les professions libérales
On appelle cadres les employés qui **occupent** un **poste** à haute **responsabilité** dans les entreprises ou dans l'administration. Ce n'est pas un métier, mais une position **hiérarchique**. Les cadres sont aujourd'hui deux fois plus nombreux qu'il y a 20 ans.

Les professions libérales (p. ex. **avocats**, médecins, ***architectes**) sont des professions intellectuelles supérieures ; elles sont en forte augmentation, ce qui les met de plus en plus souvent dans une situation de **vive** concurrence.

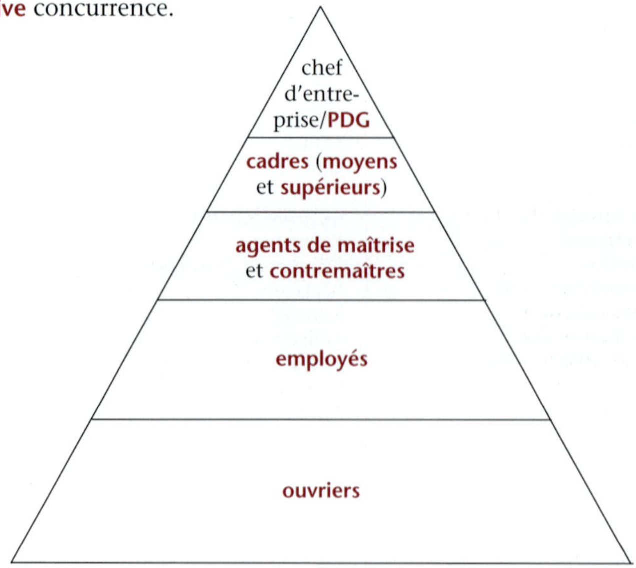

La *hiérarchie dans l'entreprise

Les ***professions intermédiaires***
On **regroupe** sous ce terme les **représentants** des **classes moyennes** : techniciens, agents de maîtrise, **instituteurs** et autres.

Les employés et les ***fonctionnaires***
Les employés **exercent** un travail plutôt intellectuel que manuel, souvent dans un bureau. Ils peuvent appartenir au **secteur privé**, ou au **secteur public** (si leur entreprise est nationalisée). Cest la catégorie **socio-professionnelle** où travaillent le plus de femmes.

Les fonctionnaires sont **titulaires** d'un poste dans la **fonction publique** ; ils **bénéficient** de la garantie de l'emploi, leur **recrutement** et leur **avancement** s'effectuent selon des règles **uniformes**.

occuper	einnehmen, besetzen ➜ *l'occupation f*
un poste	Posten, Arbeitsplatz ➜ ⚠ *la poste; Post*
la responsabilité	Verantwortung, Verantwortlichkeit ➜ *être responsable de*
hiérarchique ['jeʀaʀʃik]	hierarchisch
un,e avocat,e	Rechtsanwalt, -wältin
vif, -ive	stark, heftig
un PDG (président directeur général)	Generaldirektor
un cadre	höherer Angestellter
un cadre moyen	mittlere Führungskraft
un cadre supérieur	leitender Angestellter
un agent de maîtrise	Meister, Vorarbeiter
un contremaître	Vorarbeiter, Werkmeister
un,e employé,e	Angestellte/r
un,e ouvrier, –ère	Arbeiter/in
les professions *f* intermédiaires	mittlere Angestellte
regrouper	zusammenfassen
un représentant	Vertreter
les classes moyennes	Mittelstand
un,e instituteur, –trice	(Volksschul)Lehrer/in
un,e fonctionnaire	Beamter/Beamtin
exercer	ausüben
le secteur privé	Privatsektor
le secteur public	öffentlicher Sektor
socio-professionnel,le	berufsbezogen gesellschaftlich
un titulaire	(Amts)Inhaber
la fonction publique	öffentlicher Dienst
bénéficier de qc	in den Genuss von etw. kommen
le recrutement	Einstellung
un avancement	Beförderung
uniforme	einheitlich

Les ouvriers
C'était autrefois la ***catégorie** la plus nombreuse, mais les changements **structurels** dans l'industrie ont diminué leur nombre : les traditionnels « **cols** bleus » (**manœuvres**, ouvriers) sont à présent moins nombreux que les « cols blancs » (employés). Ils travaillent de leurs mains, **pour le compte** d'un **patron**. Ceux qui sont **employés à la chaîne** font souvent **les trois-huit**, seuls ou en **équipe**, afin de **rentabiliser** les machines.

Actuellement, le nombre des contremaîtres et des **ouvriers qualifiés s'accroît**, alors que les **ouvriers spécialisés (OS)** et les manœuvres sont très touchés par le chômage. Les postes qu'ils occupaient ont disparu à cause de l'automatisation et de la ***modernisation** des **usines**.

Les syndicats

Ils **représentent** les **syndiqués** auprès de leurs **employeurs**, par l'**intermédiaire** des **délégués syndicaux**. Ils **négocient** avec les patrons les **augmentations** de salaire, les limitations du **temps de travail**, l'**amélioration** des **conditions de travail**, la **sécurité** de l'emploi et la **protection sociale** des salariés.

Lorsque leurs **revendications** ne sont pas **satisfaites**, les **centrales syndicales** peuvent **lancer** un **mot d'ordre** de **grève** pour essayer d'**obtenir gain de cause**. Il arrive alors que les patrons répondent par un **lock-out**. De nos jours, le **syndicalisme** (parfois fortement **politisé**) est en déclin et perd des **adhérents**. Les **manifestations** spontanées et les **grèves sauvages** remplacent souvent la **lutte** organisée.

structurel,le	strukturell
un col	Kragen
un manœuvre	Hilfsarbeiter
pour le compte de	im Auftrag von, auf Rechnung von
un patron	Arbeitgeber
employer qn	jdn beschäftigen → *un emploi*
à la chaîne	am Fließband
les trois-huit	Schichtarbeit (rund um die Uhr)
une équipe	Team, Gruppe
rentabiliser	rentabel machen
un ouvrier qualifié	Facharbeiter
s'accroître	zunehmen
un ouvrier spécialisé	angelernter Arbeiter, Hilfsarbeiter
une usine	Fabrik
un syndicat	Gewerkschaft
représenter	vertreten
un,e syndiqué,e	Gewerkschaftsmitglied
un employeur	Arbeitgeber
l'intermédiaire *m*	Vermittlung
un délégué syndical	Gewerkschaftler, Vertrauensmann
négocier	aushandeln, verhandeln → *une négociation*
une augmentation	Erhöhung
le temps de travail *m*	Arbeitszeit
une amélioration	Verbesserung → *améliorer*
les conditions *f* de travail	Arbeitsbedingungen
la sécurité	Sicherheit → *sûr,e*
la protection sociale	soziale Absicherung/Schutz
une revendication	Forderung → *revendiquer*
satisfaire qc	etw. befriedigen, nachgeben
une centrale syndicale	Gewerkschaftsleitung, -zentrale
lancer	lancieren, erlassen
un mot d'ordre	*hier:* Aufruf
une grève	Streik → *faire grève*
obtenir gain de cause	Recht bekommen, sich durchsetzen
un lock-out	Aussperrung
le syndicalisme	Gewerkschaftsbewegung
politisé,-e	politisch gebunden/orientiert
un,e adhérent,e	Anhänger, Mitglied → = *un membre*
une manifestation	Demonstration → ☹ *une démonstration; Beweis*
une grève sauvage	wilder Streik
une lutte	Kampf

Le chômage

Dans un **contexte** économique **défavorable**, l'augmentation constante de la demande de travail s'accompagne d'une forte **croissance** du chômage. La situation est aggravée par le **progrès** technique et les coûts de production élevés qui mènent les entreprises à **supprimer** de la main-d'œuvre non qualifiée et à **transférer** la fabrication vers des **pays à bas salaires**. Par les **compressions de personnel** qui résultent de cette évolution, les entreprises espèrent **assainir** leurs ***finances**.

Presque toutes les catégories socio-professionnelles sont **concernées** par le chômage. Cependant, certaines régions et certaines branches de l'économie sont plus **atteintes** que d'autres. En dehors des périodes de plein-emploi , on voit augmenter la part des **emplois précaires** (CDD, intérim). Les jeunes, les femmes et les immigrés sont les plus touchés, ainsi que les **travailleurs** de plus de 50 ans. D'une manière générale, un bon niveau d'**instruction**, des ***diplômes** et une formation professionnelle de haute qualité diminuent sensiblement le ***risque** de se retrouver au chômage.

Le chômage coûte cher : les **cotisations** à l'**assurance-chômage**, payées par les salariés et le **patronat**, augmentent. En temps de crise économique, la consommation **ralentit** : les **chômeurs disposent** de **moyens financiers** réduits, et les autres, se sentant **menacés**, **font des économies**. Le chômage pose aussi des problèmes d'ordre psychologique : de nombreux chômeurs ressentent leur **condition** comme une **humiliation**.

Les **demandeurs d'emploi s'inscrivent** à l'**Agence nationale pour l'Emploi** (ANPE) pour **toucher** des **indemnités** qui leur sont **versées** pendant une période limitée. L'Agence informe aussi sur les **offres d'emploi**, **s'occupe** de l'**orientation professionnelle** et organise des **stages** de **recyclage** et de **reconversion**. Car le **manque** de contact entre l'**enseignement professionnel** et le monde du travail fait que les jeunes sortent parfois des écoles peu adaptés aux besoins du **marché de l'emploi**.

le chômage	Arbeitslosigkeit → *être au chomage*
le contexte	*hier:* Umstände, Bedingungen
défavorable	ungünstig → ≠ *favorable*
la croissance	Wachstum → *croître*
le progrès	Fortschritt
supprimer	*hier:* abbauen
transférer	verlagern
un pays à bas salaires	Niedriglohnland
une compression de personnel	Personalabbau
assainir	sanieren → *l'assainissement m*
concerner	betreffen
atteint,e	betroffen
un emploi précaire	unsicherer, gefährdeter Arbeitsplatz
un,e travailleur, -euse	Arbeiter/in
l'instruction *f*	Ausbildung
une cotisation	Beitrag
une assurance-chômage	Arbeitslosenversicherung
le patronat	Arbeitgeber(schaft)
ralentir	verlangsamen, *hier:* sich abschwächen, nachlassen → *un ralentissement*
un,e chômeur, –euse	Arbeitslose/r
disposer de qc	verfügen über
les moyens *m* financiers	finanzielle Mittel
menacer	(be)drohen → *une menace*
faire des économies *f*	Ersparnisse anlegen, sparen
une condition	Position, (Lebens)Umstände
une humiliation	Erniedrigung → *humilier*
un demandeur d'emploi	Arbeitssuchender
s'inscrire	sich einschreiben, sich anmelden
l'Agence *f* nationale pour l'Emploi	*etwa:* Arbeitsamt
toucher	*hier:* erhalten, beziehen
une indemnité	Vergütung
verser	*hier:* ausbezahlen
une offre d'emploi	Stellenangebot
s'occuper de	sich kümmern um
une orientation professionnelle	Berufsberatung, Berufsfindung
un stage	Lehrgang, Praktikum
le recyclage	*hier:* Weiterbildung
la reconversion	Umschulung
le manque	Fehlen, Mangel
l'enseignement professionnel	berufliche Ausbildung, Berufsbildung
le marché de l'emploi	Arbeitsmarkt

Pour lutter contre le chômage, l'Etat a institué des **Contrats–Emploi–Solidarité (CES)**. Ce sont des travaux dans les services publics, accordés aux jeunes et aux chômeurs **de longue durée**, ou trop âgés pour **se reconvertir**.

Les départs en **préretraite** permettent de réduire le personnel tout en évitant les **licenciements**. Certains **préconisent** des **réductions** de charges sociales et des **primes** pour **encourager** les employeurs à **embaucher**. Les syndicats proposent la réduction du temps de travail, alors que les patrons **suggèrent** qu'il serait plus **efficace** de renoncer à des augmentations de salaire.

A la longue, le développement des systèmes de **formation permanente** et des programmes de reconversion, ainsi que l'orientation des jeunes vers des **filières** d'avenir devrait aider à répondre aux **défis** du présent et du futur.

Il n'est pourtant pas sûr qu'un **redressement** de l'économie mène à un **recul décisif** du chômage. Dans les années à venir, le seul ***facteur** dont on peut attendre **à coup sûr** une diminution du nombre des demandeurs d'emploi est le **vieillissement** de la population, qui provoquera une **vague** de départs à la retraite.

La loi sur les 35 heures de travail hebdomadaire, votée dans l'espoir de réduire le **taux de chômage**, est très **controversée** : d'après ses partisans, elle permet aux travailleurs d'accorder plus de temps à leur famille ou à leurs loisirs, mais aussi de **suivre des cours** et d'entreprendre une **formation continue**.

Cependant, pour ses **adversaires**, cette loi ne présente que des **inconvénients** : non seulement elle coûte cher, mais elle ne crée pas tous les emplois espérés. Au lieu d'embaucher, les patrons ***rationalisent** en augmentant le **rythme de travail** de leurs salariés. D'autre part, elle s'accompagne d'une baisse du **pouvoir d'achat**, et contribue à rendre les entreprises françaises moins **compétitives** sur le plan international.

un Contrat-Emploi-Solidarité	*etwa:* Arbeitsbeschaffungsmaßnahme (ABM)
de longue durée *f*	Langzeit-
se reconvertir	sich umschulen lassen → *la reconversion*
la préretraite	Vorruhestand
un licenciement	Entlassung → *licencier*
préconiser	befürworten, empfehlen
la réduction	Kürzung, Verminderung → *réduire*
une prime	Prämie
encourager (qn à) qc	ermutigen; etw. fördern, unterstützen
embaucher	ein-, anstellen
suggérer	nahe legen, vorschlagen → ***E** to suggest*
efficace	wirkungsvoll, effektiv
la formation permanente	Fort-, Weiterbildung
une filière	*hier:* Laufbahn, Berufsweg
un défi	Herausforderung
un redressement	Erholung, Aufschwung
un recul	Rückgang
décisif, -ive	entscheidend → *une décision*
à coup sûr	mit Sicherheit
le vieillissement	Überalterung → *vieux, vieil, vieille*
une vague	Welle
le taux de chômage	Arbeitslosenquote
controversé,e	umstritten
suivre un cours	einen Kurs besuchen
la formation continue	Fortbildung, Weiterbildung
un,e adversaire	Gegner/in
un inconvénient	Nachteil → ≠ *un avantage*
le rythme de travail	Arbeitstempo, -takt
le pouvoir d'achat	Kaufkraft
compétitif, -ive	wettbewerbsfähig

Tendances et perspectives

Les **changements** qui se produisent dans la société ont une influence sur l'économie et sur le **monde du travail**. On peut remarquer cette évolution à plusieurs niveaux :

- La population vieillit, en même temps que le temps d'activité professionnelle diminue. Les jeunes arrivent plus tard qu'autrefois sur le marché de l'emploi, l'**âge de la retraite** a été abaissé, la proportion d'**inactifs** dans la population est donc en augmentation.

- L'ordinateur est devenu un **outil** de travail **indispensable** dans toutes les branches de l'économie. De nouvelles **formules** de travail ont vu le jour : dans certains secteurs, comme les banques ou les assurances, le **télétravail** prend une place de plus en plus grande. Dans les services, la **multiactivité** est devenue assez **courante**. D'une manière générale, on assiste à une évolution vers une plus grande ***flexibilité** professionnelle.

- Les nouvelles technologies (***informatique**, ***microélectronique**, entre autres) ont des **effets** divers sur l'économie. D'une part, elles détruisent des emplois puisqu'elles permettent d'améliorer la ***productivité** tout en réduisant le personnel. Mais d'autre part, elles ont donné naissance à de nouveaux métiers, et **au total**, elles créent plus d'emplois qu'elles en **suppriment**. La « ***nouvelle économie** » liée à l'**innovation** ***technologique** a transformé les **habitudes** de consommation dans les pays développés. L'arrivée **incessante** sur le marché de nouveaux produits et biens d'équipement crée en permanence de nouveaux **besoins** chez le consommateur. Le succès de l'***Internet** ou du **téléphone portable** illustre bien ce ***phénomène**. Ces technologies ont profondément changé le mode de vie de leurs **utilisateurs** : prenons en pour exemple l'**enseignement assisté par ordinateur (EAO)** ou encore les achats par internet qui se sont développés à une vitesse rapide. Dans l'ensemble, on peut attendre des progrès technologiques des effets positifs sur la croissance.

un changement	Veränderung, Wandel ➜ *changer*
le monde du travail	Arbeitswelt
l'âge de la retraite	Rentenalter ➜ *un,e retraité,e*
(un,e) inactif, -ive	nicht erwerbs-, nicht berufstätig
un outil [uti]	Werkzeug, Arbeitsmittel
indispensable	unverzichtbar, unerlässlich
une formule	Formel, *hier:* Form
le télétravail	Telearbeit
la multiactivité	Mehrfachtätigkeit
courant,e	alltäglich, geläufig
un effet	Auswirkung
au total	insgesamt, alles in allem
supprimer	vernichten
une innovation	Neuerung, Innovation
une habitude	Gewohnheit
incessant,e	ständig, dauernd ➜ = *permanent,e, continuel,le*
un besoin	Bedürfnis ➜ *avoir besoin de qc*
un téléphone portable	Handy
un,e utilisateur, -trice	Benutzer/in
l'enseignement *m* **assisté par ordinateur**	computergestützter Unterricht

a) Ajoutez les suffixes appropriés et traduisez les mots en allemand.

–able, –aire, –ance, –age, –al, –ence, –erie, –eur, –ien, –ier, –if, – ique, –ise, –iste, –ment (2x) –té, –teur, –tion, –trice

1. le chôm ________ ____________________
2. une afflu ________ ____________________
3. la menuis ________ ____________________
4. un investisse ________ ____________________
5. artist ________ ____________________
6. un agricul ________ ____________________
7. un éconôm ________ ____________________
8. artisan ________ ____________________
9. un pâtiss ________ ____________________
10. la diminu ________ ____________________
11. le fonctionn ________ ____________________
12. une marchand ________ ____________________
13. compétit ________ ____________________
14. un employ ________ ____________________
15. défavor ________ ____________________
16. le développe ________ ____________________
17. une indemni ________ ____________________
18. l'indépend ________ ____________________
19. un mécanic ________ ____________________
20. une consomma ________ ____________________

b) Remettez les lettres dans l'ordre et inscrivez ci-dessous les mots qui correspondent aux définitions. Les lettres encadrées vous donneront un mot-clé de ce chapitre.

1. QUELNANQUIN = d'une durée de 5 ans

_ _ _ _ _ _ _ (_) _ _ _ _

2. DACTYNIS = organisation qui défend les intérêts des travailleurs

_ _ (_) _ _ _ _ _

3. CANONIFIERONT = personne employée par l'Etat

_ _ _ _ _ (_) _ _ _ _ _ _ _

4. MÔRUCHE = personne qui a perdu son emploi

_ _ _ _ _ _ _ (_)

5. COMENTOISE = spécialiste des questions économiques

_ _ _ _ _ _ _ _ _ _ _ _ _ (_)

6. RATAPONT = l'ensemble des chefs d'entreprise

(_) _ _ _ _ _ _ _ _

7. VEROUMANE = ouvrier sans qualification

_ _ _ _ _ _ _ _ _ _ (_) _

8. CLEINCENTIME = l'action de renvoyer un employé

_ _ _ _ _ _ _ _ (_) _ _ _ _ _ _

9. RÉALISA = personne qui reçoit un salaire

(_) _ _ _ _ _ _ _

10. GOURNABLE = artisan qui fait du pain

_ _ _ _ _ _ _ _ _ _ (_) _

Mot-clé: _ _ _ _ _ _ _ _ _ _ _ _ _

Ecologie

Environnement et pollution

Il était une fois : des rivières à l'eau claire et des **ruisseaux sauvages**, où vivaient des poissons, des **prés** en fleurs, de petits **sentiers** de montagne invitant à la promenade et à la randonnée, des forêts profondes peuplées d'animaux, des **bords de mer** au sable fin où la violence d'une tempête témoignait de la grandeur de la nature. Cela existe encore, mais de moins en moins, et on n'en parle, le plus souvent, que lorsque ça disparaît.

L'évolution rapide du ***climat**, les **trous** dans la **couche d'ozone**, la **mort des forêts**, les **accidents nucléaires** et leurs conséquences **catastrophiques** sont des **signaux d'alarme** qui indiquent que la ***nature** est en danger. Les **interventions** de l'homme sur la nature (p. ex. le **déboisement** de la forêt **tropicale**, la construction de **barrages**, la **canalisation** des rivières) et la forte **industrialisation perturbent** l'**équilibre** naturel. Dans certains domaines, il est déjà trop tard pour réparer les erreurs du passé : la **déforestation** a transformé des régions entières en **déserts** ; certains lacs sont tellement **pollués** que toute vie animale et végétale en a disparu.

Longtemps ignoré ou laissé à l'arrière-plan, tout ce qui touche à la **protection de l'environnement** est aujourd'hui d'actualité. Conséquence de cette **prise de conscience** : les **habitudes alimentaires** des Français ont changé. Ils sont de plus en plus nombreux à refuser la **viande aux hormones**, les **élevages en batterie** et les légumes **saturés** en **produits chimiques** pour se tourner vers une **alimentation** plus naturelle.

Autrefois réservés à une minorité de consommateurs, les **produits bio** connaissent aujourd'hui un tel succès qu'ils sont distribués par les **grandes surfaces**. Différentes raisons sont à l'origine de ce choix : le **souci** de préserver la nature, le refus de la **mal-bouffe**, et l'assurance d'un ***contrôle** efficace des aliments. La **maladie de la vache folle (ESB)** a **mis en évidence** de façon dramatique les ***risques** liés à la production ***intensive**, et donné raison aux **partisans** du ***respect** de la nature.

Aujourd'hui, dans le même ordre d'idées, on assiste à une ***polémique** violente autour des **OGM (organismes génétiquement modifiés)**. Ceux qui sont favorables aux ***biotechnologies** affirment qu'elles permettraient d'améliorer la qualité, l'**abondance** et la **résistance** des **cultures** et des **troupeaux**.

l'écologie *f*	Ökologie
l'environnement *m*	Umwelt
la pollution	(Umwelt)Verschmutzung
un ruisseau	Bach
sauvage	wild
un pré	Wiese ➜ = *une prairie*
un sentier	Weg, Pfad
le bord de mer	Strand, Küste
un trou	Loch
la couche d'ozone	Ozonschicht
la mort des forêts	Waldsterben ➜ = *le waldsterben*
un accident nucléaire	Atomunfall
catastrophique	katastrophal
un signal (*pl.* –aux) d'alarme	Alarmzeichen
une intervention	Eingriff, Eingreifen ➜ *intervenir*
le déboisement	Abholzung
tropical,e	tropisch ➜ *les tropiques m; Tropen*
un barrage	Staudamm
la canalisation	Kanalisierung, Begradigung
l'industrialisation *f*	Industrialisierung
perturber	stören ➜ *la perturbation*
l'équilibre *m*	Gleichgewicht
la déforestation	Waldzerstörung, Entwaldung
un désert	Wüste ➜ ⚠ *un dessert; Nachtisch*
polluer	verschmutzen
la protection de l'environnement	Umweltschutz
une prise de conscience	Erkenntnis
une habitude alimentaire	Ernährungsgewohnheit
la viande aux hormones	Hormonfleisch
l'élevage *m* en batterie	Batteriehaltung
saturé,e	gesättigt, voll von ➜ *la saturation*
un produit chimique	Chemikalie
l'alimentation *f*	Ernährung
un produit bio	Bioerzeugnis
une grande surface	Verbrauchermarkt
un souci	Sorge ➜ *se soucier de*
la mal-bouffe *fam*	schlechtes Essen
la maladie de la vache folle (ESB)	Rinderwahnsinn (BSE)
mettre en évidence *f*	etw deutlich/klar herausstellen
un,e partisan,e	Anhänger/in
un OGM (les organismes génétiquement modifiés *m*)	genmanipulierte Organismen
l'abondance *f*	große Menge, Überfluss
la résistance	Widerstandsfähigkeit
une culture	Kultur, Anbau ➜ *cultiver*
un troupeau	Herde

Mais les **écologistes** soulignent qu'elles risquent d'avoir des **suites** négatives : **appauvrissement** du **patrimoine** naturel, contrôle difficile (un **gène modifié** peut passer par accident d'une **plante** à une autre), influence sur la **santé** (personne ne connaît vraiment les risques d'***allergies** ni leurs conséquences **à long terme**).

Les déchets ménagers

Chaque individu produit environ 1 kg de déchets par jour, soit de 25 à 30 t au cours de sa vie. Constitués en grande partie de **matières biodégradables**, ils sont en général portés à la **décharge** où ils **pourrissent** ou sont **incinérés**.

Le principal problème posé par les **détritus** non-**toxiques**, non-**putrescibles** (p. ex. les **matières plastiques**) est le **stockage**. Les **dépots d'ordures** sont saturés. Le **recyclage** est trop peu pratiqué : en effet les opérations de **récupération** et de **tri** des déchets coûtent cher et les techniques de **retraitement** ne sont pas toujours vraiment **au point**. Pour l'instant, la seule ***alternative** consiste à éviter les **emballages superflus** et les produits difficiles à **recycler**.

La pollution atmosphérique

Due essentiellement aux **gaz d'échappement** des voitures et aux gaz **émis** par **combustion** (usines, **chauffage au mazout** et au charbon), elle est à l'origine d'un nombre **croissant** de **troubles respiratoires** (**bronchite** ***chronique**, ***asthme**) et **cardio-vasculaires**.

Les jours de grande **chaleur**, lorsqu'il n'y a pas assez de vent pour **évacuer** les **fumées**, le ***smog**, **brouillard** polluant qui renferme des gaz toxiques, **s'abat** sur les **grandes agglomérations**. Lors de ces **pics de pollution**, l'air **irrite** les yeux et les **voies respiratoires**. Il est recommandé aux personnes **fragiles** et aux enfants de ne pas sortir.

Quand la pollution atteint un **seuil** critique, une **alerte** à la pollution est lancée : la circulation de certains véhicules est alors ***réglementée**, pour faire baisser au plus vite la ***concentration** en éléments toxiques.

un,e écologiste	Ökologe/Ökologin, Umweltschützer/in
une suite	Folge
un appauvrissement	Verarmung, Verkümmerung
le patrimoine	Erbe
un gène modifié	manipuliertes Gen
une plante	Pflanze ➜ *planter*
la santé	Gesundheit ➜ *sain,e*
à long terme	langfristig ➜ ≠ *à court terme*
les déchets *m* ménagers	Hausmüll, Haushaltsabfälle
une matière	Stoff, Material
biodégradable	biologisch abbaubar
une décharge	Mülldeponie
pourrir	verfaulen, sich zersetzen
incinérer	verbrennen
les détritus *m*	Abfälle
toxique	giftig ➜ ***E*** *toxic*
putrescible	verrottend, zersetzbar
une matière plastique	Plastik
le stockage	Lagerung
un dépôt d'ordures	Schuttabladeplatz, Mülldeponie
le recyclage	Wiederaufbereitung, Recycling
la récupération	Wiederverwertung
le tri	Trennung, Sortierung
le retraitement	Wiederaufbereitung
être au point	gut funktionieren, ausgereift sein
un emballage	Verpackung
superflu,e	überflüssig
recycler	wieder aufbereiten
la pollution atmosphérique	Luftverschmutzung
les gaz *m* d'échappement	Auspuffgase
émettre	*hier:* ausstoßen ➜ *une émission*
la combustion	Verbrennung
le chauffage au mazout	Ölheizung
croissant,e	wachsend, zunehmend ➜ *croître*
les troubles *m* respiratoires	Beschwerden, die Atemwege betreffend
une bronchite	Bronchitis
cardio-vasculaire	(Herz)Gefäß-
la chaleur	Wärme, Hitze ➜ *chaud,e*
évacuer	*hier:* ableiten, weg-, fortwehen
la fumée	Rauch, Qualm
le brouillard	Nebel, Dunst
s'abattre	*hier:* sich herabsenken
une grande agglomération	Ballungsraum
un pic de pollution	Spitzenwert an Verschmutzung
irriter	reizen ➜ *une irritation*
les voies *f* respiratoires	Atemwege
fragile	anfällig, empfindlich ➜ *la fragilité*
un seuil	Schwelle, Grenzwert
une alerte	Alarm

*Les **pluies acides***

Ce sont les gaz de combustion (circulation automobile, **trafic aérien**, **rejets** industriels) qui en sont les principaux responsables. Une ***réaction chimique** se produit lorsqu'ils entrent en contact avec l'eau de pluie : les **oxydes** de **soufre** et d'**azote** qu'ils contiennent se **transforment** alors en **acides sulfurique** et **nitrique** pour former des pluies acides qui font mourir les **conifères** (ils perdent leurs **aiguilles** et **se dessèchent**), **attaquent** la pierre et **détériorent** les bâtiments.

*L'**effet de serre***

La **teneur** en **gaz carbonique** augmente dans l'***atmosphère** et pourrait causer, dans les années à venir, une **élévation** sensible de la ***température**, accompagnée de changements ***climatiques** considérables :

- La **fonte** d'une partie des **glaces polaires** ferait monter le **niveau** des ***océans** et entraînerait des **inondations** gigantesques.
- La **sécheresse** et l'**érosion** pourraient toucher des régions actuellement **fertiles**.

*La **destruction** de la couche d'ozone*

On sait aujourd'hui que les **chloro-fluoro-carbones (CFC)** utilisés principalement dans les **bombes aérosols**, les **systèmes de réfrigération** et la fabrication de certaines **mousses plastiques** sont la cause principale de trous de plus en plus importants dans la couche d'ozone.

La **diminution** de l'**épaisseur** de cette couche, qui entoure la terre au niveau de la ***stratosphère**, est dangereuse pour la ***planète**. Elle ***intensifie** l'effet de serre et réduit la **protection** contre les **rayons ultraviolets** (UV) qui **sont susceptibles** d'avoir des effets **nocifs** sur la santé, tels que maladies des yeux, **déficiences** du **système immunitaire**, **cancers** de la peau.

La pollution de l'eau

La ***faune** et la ***flore aquatique** sont de plus en plus menacées par les différents produits **déversés** dans les rivières. Les **stations d'épuration** ne sont pas toujours en mesure de **débarrasser** les **eaux usées** des **détergents**, ***phosphates** et **hydrocarbures** qu'elle contiennent.

la pluie acide	saurer Regen
le trafic aérien	Flugverkehr
un rejet	Schadstoffausstoß
chimique	chemisch ➜ *la chimie*
un oxyde	Oxyd
le soufre	Schwefel
l'azote *m*	Stickstoff
transformer	umwandeln
l'acide *m* sulfurique	Schwefelsäure
l'acide *m* nitrique	Salpetersäure
un conifère	Nadelbaum
une aiguille	Nadel
se dessécher	vertrocknen ➜ *sec, sèche; trocken*
attaquer	angreifen
détériorer	beschädigen
l'effet *m* de serre	Treibhauseffekt
la teneur en qc	Gehalt an etw.
le gaz carbonique	Kohlendioxyd
une élévation	Erhöhung, Ansteigen
la fonte	Schmelzen ➜ *fondre*
la glace polaire	Polareis
le niveau	*hier:* (Meeres)Spiegel
une inondation	Überschwemmung
la sécheresse	Trockenheit, Dürre
l'érosion *f*	Erosion, Verwitterung
fertile	fruchtbar ➜ *la fertilité; ≠ infertile*
la destruction	Zerstörung ➜ *détruire*
les chloro-fluoro-carbones *m* (CFC)	FCKW (Fluorchlorkohlenwasserstoffe)
une bombe aérosol	Spraydose
un système de réfrigération	Kühlsystem
une mousse plastique	Schaumstoff
une diminution	*hier:* Abbau
l'épaisseur *f*	Dicke, Dichte ➜ *épais, -aisse*
la protection	Schutz ➜ *protéger*
les rayons *m* ultraviolets	Ultraviolettstrahlen
être susceptible de	fähig, im Stande sein, etw. zu tun
nocif, -ive	schädlich
une déficience	Schwäche
le système immunitaire	Immunsystem
un cancer	Krebs
aquatique	Wasser-
déverser	kippen, schütten
une station d'épuration	Kläranlage
débarrasser qn de qc	jdn von etw. befreien
les eaux usées	Abwässer
un détergent	Reinigungs-, Waschmittel
un hydrocarbure	Kohlenwasserstoff

Les **pesticides**, **herbicides**, **insecticides** et les **nitrates** contenus dans les engrais **empoisonnent** la **nappe phréatique** et l'eau finit par ne plus être **potable**.

La mer, elle aussi, est polluée : non seulement par les **marées noires**, dues aux **pétroliers** qui font **naufrage** ou qui **vidangent** n'importe où, mais aussi par toutes sortes de déchets chimiques extrêmement toxiques : entre autres, des **métaux lourds** (**plomb**, **cadmium** ou **mercure**) qui, à travers la **chaîne alimentaire**, peuvent arriver jusqu'à l'homme.

La pollution de l'eau

L'énergie nucléaire

Pour ses **partisans**, l'**atome** représente une **source** d'énergie propre et **inépuisable**. Cependant, les dangers liés aux **centrales nucléaires** sont loin d'être négligeables. En cas de **fuite** ou d'accident de **réacteur**, des régions entières peuvent être **irradiées** par des nuages ***radioactifs**. Les **radiations** (de **plutonium** ou d'**uranium**) peuvent tuer des milliers de personnes et entraîner, chez les **survivants**, une augmentation dramatique des cas de cancer et des **anomalies génétiques**. Le sol **contaminé** est inutilisable pendant très longtemps.

Les déchets radioactifs **retirés** des centrales posent un problème **supplémentaire** : ils sont en partie **retraités** mais le reste est **stocké** dans des **conteneurs étanches** qui, pour le moment, sont **enfouis** sous terre ou **immergés** en mer, en attendant d'autres solutions ... ou d'autres catastrophes !

un pesticide	Pestizid, Schädlingsbekämpfungsmittel
un herbicide	Unkrautvernichtungsmittel
un insecticide	Insektenvertilgungsmittel
le nitrate	Nitrat
empoisonner	vergiften ➜ *le poison; Gift*
la nappe phréatique	Grundwasser
potable	trinkbar ➜ ≠ *non potable*
la marée noire	Ölpest
un pétrolier	Tanker
un naufrage	Schiffbruch ➜ *faire naufrage*
vidanger	(z. B. Öl) ablassen, verklappen
un métal lourd	Schwermetall
le plomb	Blei
le cadmium [kadmjɔm]	Kadmium
le mercure	Quecksilber
la chaîne alimentaire	Nahrungskette
l'énergie *f* nucléaire	Atomenergie
un partisan	Anhänger
l'atome *m*	Atom, *hier:* Kernkraft
une source	Quelle
inépuisable	unerschöpflich, unversiegbar
une centrale nucléaire	Atomkraftwerk
une fuite	*hier:* Ausströmen, Leck
un réacteur	Reaktor
irradier	verstrahlen ➜ *l'irradiation f*
la radiation	Strahlung
le plutonium [plytɔnjɔm]	Plutonium
l'uranium *m* [yʀanjɔm]	Uran
un,e survivant,e	Überlebende/r ➜ *survivre à*
une anomalie génétique	genetische Anomalie
contaminer	verseuchen ➜ *la contamination*
retirer	herausnehmen, entfernen
supplémentaire	zusätzlich
retraiter	wieder aufbereiten
stocker	lagern
un conteneur	Behälter, Container ➜ *contenir; etw. enthalten*
étanche	dicht ➜ = *imperméable*
enfouir	vergraben
immerger	versenken

Un début prometteur

Face à l'**aggravation** des problèmes posés par la pollution **accélérée**, il est **urgent** d'**agir**. Depuis quelques années, des **démarches** ont été **entreprises**, et les premiers résultats sont encourageants :

- En ce qui concerne la qualité de l'air, de nombreux pays ont **établi** des normes concernant les ***substances** dangereuses. Les usines doivent à présent être **dotées** de ***filtres antipollution** afin de **limiter** le rejet de **polluants** dans l'air. On tente également de perfectionner la récupération des déchets industriels.

- On entreprend des recherches pour **développer** de nouvelles technologies afin de **concevoir** des stations d'épuration adaptées aux pollutions chimiques modernes et pour **exploiter** les énergies **éolienne**, **solaire**, **hydraulique**, **géothermique** et **marémotrice**. A plus ou moins long terme, le but de ces **chercheurs** est le **développement** d'une énergie à la fois propre et **compétitive**, qui permettrait de renoncer au nucléaire.

Il reste cependant beaucoup à faire, et l'**ampleur** du problème nécessite un effort à l'**échelle planétaire**. C'est dans ce but qu'ont lieu régulièrement des **sommets** internationaux et des ***conférences** au cours desquels sont définis les grands **objectifs** et les **options** prioritaires de la **lutte** contre la pollution. On y cherche aussi les possibilités d'apporter un **soutien** technologique et financier aux **pays en voie de développement**, qui n'ont pas les moyens de donner la **priorité** à l'écologie.

Ainsi, suite à une **convention** des Nations unies pour la **protection** de la couche d'ozone, de nombreux pays industrialisés se sont **engagés** à **réduire** de façon **significative** leurs émissions de gaz à effet de serre (depuis 2000, l'utilisation des CFC y est interdite). Mais même si cette **mesure** intervenait maintenant à l'échelle mondiale, ses effets ne se feraient sentir que dans 50 ans. Malheureusement, malgré l'**urgence** de la situation, certains Etats se refusent toujours à **prendre leurs responsabilités**. Il serait important de **mettre en place** une **législation** plus stricte, autorisant des mesures **répressives** envers les **pollueurs**. Car la **sauvegarde** de l'environnement nous concerne tous.

prometteur, –euse	(viel) versprechend
une aggravation	Verschlimmerung ➜ *grave*
accélérer	beschleunigen ➜ *l'accélération f*
urgent,e	dringend
agir	handeln
une démarche	Vorstoß
entreprendre	unternehmen
établir	aufstellen
doter qc/qn de qc	ausstatten/ausrüsten mit
antipollution	gegen die Umweltverschmutzung, umweltfreundlich
limiter	begrenzen, beschränken
un polluant	Schadstoff
développer	entwickeln
concevoir	entwerfen, entwickeln
exploiter	nutzen, erschließen
éolien,ne	Wind-
solaire	Sonnen-
hydraulique	Wasser-
géothermique	geothermisch, Erdwärme-
marémoteur, -trice	Gezeiten-
un,e chercheur, -euse	Forscher/in
le développement	Entwicklung
compétitif, -ive	wettbewerbsfähig
l'ampleur *f*	Tragweite, Ausmaß
une échelle	*hier:* Maßstab
planétaire	weltweit, global
un sommet	Gipfel
un objectif	Ziel
une option	(Wahl)Möglichkeit, Entscheidung
une lutte	Kampf
un soutien	Unterstützung, Hilfe ➜ *soutenir*
un pays en voie de développement	Entwicklungsland
une priorité	Vorrang
une convention	Abkommen, Vereinbarung
la protection	Schutz ➜ *protéger*
s'engager à	sich verpflichten, sich festlegen
réduire	einschränken, reduzieren ➜ *la réduction*
significatif, -ive	erheblich, bedeutend
une mesure	Maßnahme ➜ ***E** measure*
l'urgence *f*	Dringlichkeit
prendre ses responsabilités	Verantwortung übernehmen, sich verantwortungsbewusst zeigen
mettre en place	einführen, einrichten
une législation	Gesetzgebung
répressif, -ive	Druck ausübend, repressiv
un pollueur	Umweltverschmutzer, -sünder
la sauvegarde	Erhalt

a) Complétez la grille suivante.

nom allemand	**nom français**	**verbe de la même famille**
(Umwelt)Verschmutzung		
Eingriff, Eingreifen		
Störung		
Sorge		
Verbesserung		
Anbau, Kultur		
Pflanze		
Wiederaufbereitung		
Ausstoß		
Entwicklung		
Trockenheit		
Reizung		
Gift		
Verstrahlung		
Verseuchung		
Beschleunigung		
Kampf		
Einschränkung, Reduzierung		
Schutz		

b) Assemblez les syllabes pour former des mots répondant aux définitions suivantes.

ble – char – cher – cheur – co - da – dé (4x) – des – eur –
fè – fer – ge – gent – inon – lai – le – lier – lu – ma – ni – noi –
pé – po – pol – pro – que – re (3x) – rée – sert – so – ta –
tec – ter – ti – tion (3x) – to – tri – tro – truc – tus – xi

1. Une zone où aucune plante ne pousse – un ________________.
2. Un endroit où on entrepose les ordures – une ________________.
3. Un produit qui peut provoquer un empoisonnement – un produit ________________.
4. Un arbre qui n'a pas de feuilles, mais des aiguilles – un ________________.
5. Une terre riche où les plantes poussent bien – une terre ________________.
6. Un produit qui sert à nettoyer – un ________________.
7. L'action de détruire quelque chose – la ________________.
8. Un bateau qui transporte des hydrocarbures – un ________________.
9. De l'eau qu'on peut boire sans danger – de l'eau ________________.
10. L'énergie fournie par le soleil – l'énergie ________________.
11. Un savant qui essaie de trouver des solutions scientifiques aux problèmes – un ________________.
12. Le fait de protéger quelque chose ou quelqu'un – la ________________.
13. Quelqu'un qui salit ou détruit l'environnement – un ________________.
14. Une pollution de la mer par le pétrole – une ________________.
15. Une forte montée du niveau de l'eau, qui envahit les terres – une ________________.
16. Les déchets, les ordures – les ________________.

Société

Le système éducatif

En France, l'école est **obligatoire** entre 6 et 16 ans. Une grande majorité des jeunes Français est **scolarisée** dans un établissement **public**, où l'**enseignement** est **laïc** et gratuit, mais environ 17 % des élèves **fréquentent** des **écoles privées**. Ces ***institutions**, aussi appelées « **écoles libres** », et pour la plupart **gérées** par l'Eglise catholique, sont largement ***subventionnées** par l'Etat.

Le **système scolaire** français est centralisé, il existe un seul **ministère de l'Education nationale**. Les **programmes scolaires** sont donc identiques dans tout le pays, de même que les **épreuves** du **baccalauréat**.

Avant la **scolarisation**, les enfants vont généralement à l'**école maternelle**. Celle-ci est divisée en petite, moyenne et grande **section**. Les enfants s'y **initient** aux **travaux manuels** et à la vie de groupe, comme les petits Allemands ; mais ils **abordent** aussi, pendant la dernière année, la préparation à la **lecture**. L' enseignement **préélémentaire** est **facultatif**, mais les Français sont très nombreux à **inscrire** leurs enfants dans les classes maternelles dès l'âge de 3 ans.

L'enseignement primaire (ou élémentaire)
Il dure cinq ans et comprend trois **cycles** : le **cours préparatoire** (CP), les **cours élémentaires** (CE1 et CE2), et les **cours moyens** (CM1 et CM2). Les **matières enseignées** à l'école primaire sont la lecture, l'**expression orale** et écrite, le **calcul**, l'**histoire** de France et la ***géographie**, les **sciences** et la technique, le **dessin**, l'**éducation civique**, le **chant** et l'**éducation physique**. La **journée scolaire** commence plus tard qu'en Allemagne, mais les **cours** ont lieu le matin et l'après-midi. A midi, les élèves peuvent manger à la ***cantine** scolaire.

le système éducatif	Erziehungswesen, Bildungssystem
obligatoire	*hier:* Pflicht; verpflichtend → ***E** obligatory*
scolariser	einschulen
public, -ique	öffentlich, staatlich
l'enseignement *m*	Unterricht
laïc, laïque	religiös neutral
fréquenter	besuchen
une école privée	Privatschule
une école libre	Konfessionsschule
gérer	unterhalten, verwalten, *hier:* tragen
le système scolaire	Schulwesen, -system
le ministère de l'Education nationale	Erziehungsministerium
un programme (scolaire)	Lehrplan
une épreuve	Prüfung
le baccalauréat, le bac *fam*	Abitur
la scolarisation	Einschulung
une école maternelle	Kindergarten
une section	Abteilung, Zug
initier qn à qc	jdn in etw. einführen → *l'initiation f*
les travaux manuels	Handarbeit, Werken, *hier:* Basteln
aborder	anfangen, in Angriff nehmen
la lecture	Lesen
préélémentaire	Vorschul-
facultatif, -ive	freiwillig
inscrire	einschreiben, anmelden
l'enseignement *m* primaire/élémentaire	Grundschule
un cycle	Stufe, Abschnitt
un cours préparatoire	1. Grundschulklasse
un cours primaire/élémentaire	2. und 3. Grundschulklasse
un cours moyen	4. und 5. Grundschulklasse
une matière	(Schul)Fach
enseigner	unterrichten, lehren
l'expression *f* orale	mündlicher Ausdruck, mündliches Ausdrucksvermögen
le calcul	Rechnen → *calculer*
l'histoire *f*	Geschichte
les sciences *f*	Naturwissenschaften → ⚠ *la science; Wissenschaft*
le dessin	Zeichnen
l'éducation *f* civique	Gemeinschaftskunde
le chant	Singen
l'éducation *f* physique	Sport(unterricht)
la journée scolaire	Schultag
un cours	Unterrichtsstunde → ⚠ *la cour; Hof/ la course; Lauf*

Le système scolaire français

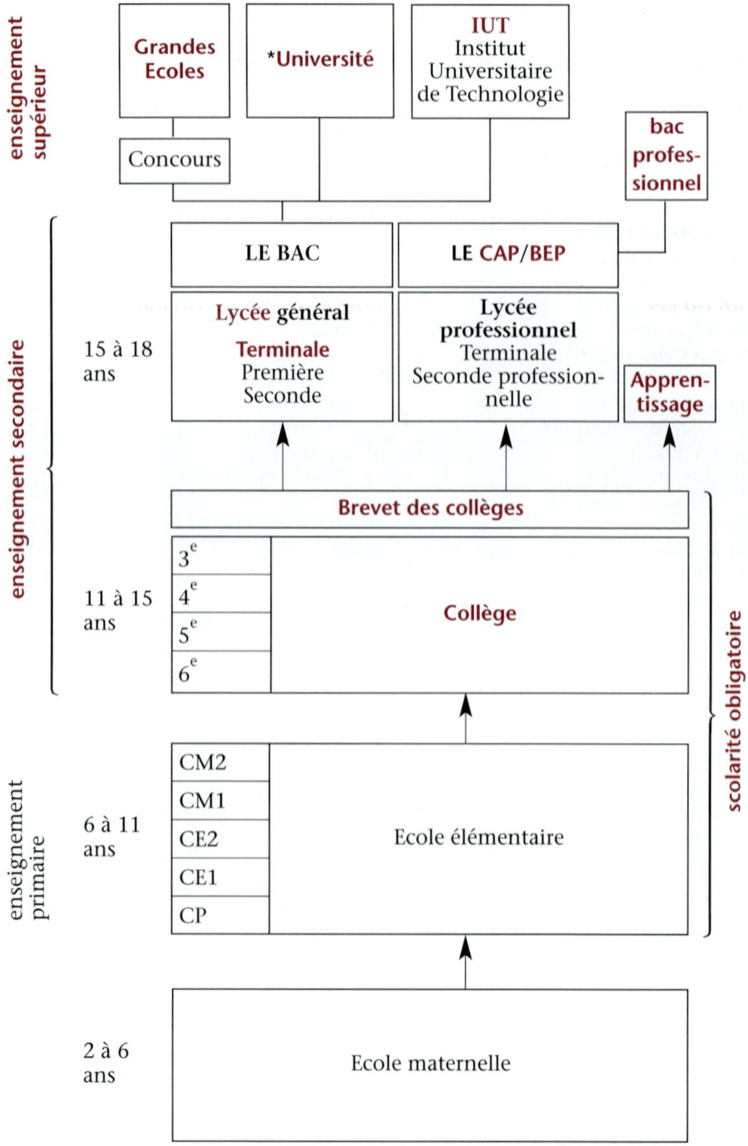

l'enseignement *m* supérieur	Hochschulwesen
une Grande Ecole	Elitehochschule
un IUT (institut universitaire de technologie)	*etwa:* Fachhochschule
l'enseignement *m* secondaire	Sekundarschulwesen, -bereich
un bac professionnel	Fachabitur
la terminale	Abschlussklasse vor dem Abitur
le lycée	Gymnasium, Sekundarstufe II
un CAP (certificat d'aptitude professionnelle)	*etwa:* Facharbeiterbrief
un BEP (brevet d'études professionnelles)	*etwa:* Fachoberschulabschluss
un apprentissage	Lehre
un brevet	Abschlusszeugnis, Diplom
le brevet des collèges	*etwa:* mittlere Reife
un collège	*etwa:* Gesamtschule
la scolarité obligatoire	Schulpflicht

L'enseignement secondaire

Le **premier cycle du second degré** :
Lorsqu'ils quittent l'enseignement primaire, tous les élèves vont au collège. S'ils ne **redoublent** pas, ils y passent quatre années, de la classe de 6e à la 3e (en France, on compte les classes en sens inverse).

En 6e et 5e (**cycle d'observation**), les matières enseignées sont les mêmes pour tous. Les **disciplines** de base sont le français, les **langues vivantes étrangères** et les **mathématiques.** La 4e et la 3e constituent un **cycle d'orientation**, où les **collégiens** peuvent choisir différentes **options.** A la fin de la 3e, les élèves **passent un examen** : le brevet des collèges.

Après le premier cycle, les jeunes peuvent quitter l'école pour faire un apprentissage, ou **s'orienter** vers le second cycle. Les filles ont plutôt tendance à **opter pour** cette solution, alors qu'on enregistre une forte proportion de garçons dans les **centres de formation des apprentis.** Les élèves qui décident de continuer le lycée ont le choix entre plusieurs **établissements scolaires.**

Le second cycle court :
Le lycée professionnel (LP) prépare, en deux ou trois ans, à l'**entrée** dans la **vie professionnelle** en tant qu'**ouvrier** ou **employé qualifié**, après l'**obtention** d'un BEP (brevet d'études professionnelles) ou d'un CAP (certificat d'aptitude professionnelle). Ces **diplômes** peuvent mener à un bac professionnel. En France, l'apprentissage dans une entreprise est plutôt rare, la **formation professionnelle** se faisant en grande partie dans les LP.

Le second cycle long :
Les élèves qui choisissent cette **voie** entrent au lycée, où ils préparent en trois ans un baccalauréat ou un brevet de **technicien.** D'après leurs goûts et leurs **capacités**, ils optent pour l'une ou l'autre des sections proposées : bac économique et **social** (ES), **littéraire** (L), **scientifique** (S), etc.

Les **lycéens** passent leur bac après 12 ans de **scolarité.** Cependant, l'épreuve de français, obligatoire pour tous, n'a pas lieu, comme les autres, à la fin de la terminale, mais **à l'issue de** la 1ère.

le premier cycle du second degré	Sekundarstufe I
redoubler	wiederholen, „sitzen bleiben"
le cycle d'observation	*etwa:* Förderstufe
une discipline	(Schul)Fach
une langue vivante étrangère	lebende/moderne Fremdsprache
les mathématiques *f*	Mathematik
un cycle d'orientation	*etwa:* Orientierungsstufe
un,e collégien,ne	Schüler/in eines Collège
une option	Wahlpflichtfach
passer un examen	eine Prüfung ablegen
s'orienter vers	überwechseln in, eine Richtung einschlagen
opter pour qc	sich für etw. entscheiden
un centre de formation des apprentis	Ausbilungszentrum für Lehrlinge
un établissement scolaire	Schule, Schulart
une entrée	Eintritt, Beginn
la vie professionnelle	Berufsleben
un ouvrier qualifié	Facharbeiter
un employé qualifié	fachlich ausgebildeter Angestellter
l'obtention *f*	Erlangung, Erhalt ➜ *obtenir*
un diplôme	Diplom, Schulabschluss
la formation professionnelle	Berufsausbildung
une voie	*hier:* Laufbahn, Ausbildungsgang ➜ ⚠ *la voix; Stimme*
un technicien	Techniker
une capacité	Fähigkeit, Befähigung
social,e	gesellschafts-, sozialwissenschaftlich
littéraire	*hier etwa:* neusprachlich
scientifique	(natur)wissenschaftlich
un,e lycéen,ne	Gymnasiast/in
la scolarité	Schulzeit
à l'issue de	am Ende von, mit Abschluss von ➜ = *à la fin de*

Le baccalauréat est le diplôme qui permet de **faire ses études** à l'université et les jeunes sont de plus en plus nombreux à vouloir le **décrocher.** Il est vrai que ceux qui quittent le système éducatif en cours de route se retrouvent sur le **marché du travail** sans **qualification**, et sont les premiers touchés par le chômage.

Mais le nombre croissant de **candidats au bac** pose aussi des problèmes. Obtenir une plus grande proportion de **bacheliers** par génération, cela suppose un enseignement de ***masse**, dans des lycées **surpeuplés** où règne l'**anonymat**. Les classes sont **surchargées**, et le manque d'**effectifs** a des conséquences **néfastes** sur la qualité des cours. On assiste à une **baisse** de ***niveau** des études secondaires.

Il devient aussi de plus en plus difficile aux professeurs de **transmettre** à leurs élèves une **culture générale approfondie**, en raison des nombreuses ***spécialisations** qui **visent** à **adapter** l'école aux **besoins** de la vie professionnelle. De plus, les **emplois du temps** très **chargés** et les devoirs à faire après les cours de l'après-midi laissent peu de place aux activités **extrascolaires**. C'est pourquoi les **enseignants**, les élèves et les parents sont nombreux à **élever la voix** pour **réclamer** une réforme de l'organisation scolaire.

Un autre ***phénomène** qui a **pris de l'ampleur** depuis les années 90 est celui de la **violence** en **milieu scolaire**. On constate avec une certaine **inquiétude** qu'elle est en hausse parmi les 10 à 17 ans, et qu'elle concerne de plus en plus de filles. Cette forme de **délinquance**, qui **se traduit** par des **détériorations** ou **destructions** de **matériel**, par des **agressions** sans but apparent, mais aussi, assez couramment, par des actes de **racket**, est souvent le fait de jeunes **défavorisés**, qui expriment ainsi leur **refus** de la société dans laquelle ils vivent et de l'***autorité** sous toutes ses formes. Dans ces conditions, il semble impossible de **résoudre** ce problème sans s'attaquer à ses **causes** profondes.

L'enseignement supérieur :
C'est l'enseignement **dispensé** dans les universités, les Grandes Ecoles et certains **établissements spécialisés.** On y compte 56 % de femmes. D'une manière générale, les jeunes d'aujourd'hui sont plus ***diplomés** que leurs **aînés**.

faire ses études	studieren
décrocher *fam* un diplôme	ein Diplom „mitnehmen"/„ergattern"
le marché du travail	Arbeitsmarkt
une qualification	Eignung, Befähigung, *hier:* Schulabschluss, Berufsausbildung
un,e candidat,e au bac	Abiturient/in (vor der Prüfung)
un,e bachelier, -ière	Abiturient/in (nach bestandener Prüfung)
surpeuplé,e	überfüllt, übervölkert
l'anonymat *m*	Anonymität
surchargé,e	überfüllt, überlastet
un effectif	Personal(bestand), Belegschaft
néfaste	schädlich
une baisse	Rückgang, Senkung ➜ ≠ *une hausse*
transmettre	vermitteln
la culture générale	Allgemeinbildung
approfondi,e	vertieft
viser à	(ab)zielen auf
adapter qc/qn à qc/qn	anpassen, in Einklang bringen mit
les besoins *m*	Bedürfnisse, Erfordernisse ➜ *avoir besoin de qc*
un emploi du temps	Stundenplan
chargé,e	voll (gepackt)
extrascolaire	außerschulisch
un,e enseignant,e	Unterrichtende/r, Lehrer/in
élever la voix	die Stimme erheben
réclamer	fordern ➜ = *revendiquer*
prendre de l'ampleur	an Bedeutung gewinnen, zunehmen
la violence	Gewalt ➜ *violent,e; gewalttätig*
le milieu scolaire	schulisches Umfeld
une inquiétude	Beunruhigung, Unruhe
la délinquance	Kriminalität
se traduire par	sich äußern
une détérioration	Beschädigung
une destruction	Zerstörung ➜ *détruire*
le matériel	Ausstattung, Gerät
une agression	Überfall, Angriff ➜ ⚠ *Aggression*
le racket	Erpressung
défavorisé,e	(gesellschaftlich) benachteiligt, unterprivilegiert
un refus	Ablehnung
résoudre	lösen
une cause	Ursache, Grund ➜ = *une raison*
dispenser	erteilen
un établissement spécialisé	*hier:* Schule mit Fachstudiengängen
les aînés *m*	Ältere, frühere Generationen

On distingue trois catégories d'**études** universitaires :

- Les études universitaires générales: elles se font p. ex. en **faculté** (fac) de **lettres**, de **droit**, de **sciences économiques**. Elles sont divisées en trois cycles : un premier cycle de deux ans permet d'**obtenir** un diplôme d'études universitaires générales (DEUG) ; un second cycle mène en un an à la **licence**, en deux ans à la **maîtrise**. Le troisième cycle est destiné à ceux qui veulent **acquérir** une plus haute spécialisation professionnelle ou une **formation** à la **recherche**.
- Les études en IUT (institut universitaire de technologie): les étudiants qui ne veulent pas **poursuivre leurs études** trop longtemps peuvent y préparer, en deux ans, des diplômes de techniciens très **appréciés** sur le marché de l'emploi.
- Les études menant aux **professions** de la **santé** (p. ex. ***médecine**, **médecine dentaire**, ***pharmacie**): il n'y a pas de ***numerus clausus** à l'entrée, mais une **sélection** très sévère se fait par **concours** en fin de première année.

Les Grandes Ecoles ont pour but de **former** les futurs **cadres supérieurs** et **hauts fonctionnaires** du pays, les ingénieurs très qualifiés, les chefs d'entreprises, les **scientifiques** de haut niveau. Après un à deux ans de **classes préparatoires**, les candidats doivent passer un concours d'entrée extrêmement ***sélectif** pour avoir **accès** aux Grandes Ecoles.

les études *f*	Studium, Studien → *un,e étudiant,e; Student/in*
la faculté, la fac *fam*	Universität, Fakultät
la faculté des lettres	philosophische Fakultät
la faculté de droit	juristische Fakultät
les sciences *f* **économiques**	Wirtschaftswissenschaften
obtenir	erhalten, erwerben
la licence	Studienabschluss nach 3 Studienjahren
la maîtrise	Studienabschluss nach 4 Studienjahren, *etwa:* Magister
acquérir	erwerben, erlangen
une formation	Ausbildung
la recherche	Forschung
poursuivre des études	studieren → = *étudier*
apprécier	schätzen
une profession	Beruf → = *un métier*
la santé	Gesundheit; Gesundheitswesen
la médecine dentaire	Zahnmedizin
une sélection	Auswahl, Auslese
un concours	(Aufnahme)Prüfung, Auswahlverfahren
former	ausbilden
un cadre supérieur	leitender Angestellter
un haut fonctionnaire	hoher Beamter
un,e scientifique	(Natur)Wissenschaftler/in
une classe préparatoire	Vorbereitungsklasse
l'accès *m*	Zugang, Zutritt
B. T. S. (brevet de technicien supérieur)	Technikerdiplom; Abschlussdiplom einer höheren Fachschule
le droit	Recht, Jura

Les loisirs

La **réduction** des heures de travail et la progression du **pouvoir d'achat** ont contribué au développement et à la **diversification** des activités de loisirs, qu'elles soient sportives, **manuelles** ou culturelles. Les Français **consacrent** une partie de leur **temps libre** à la **détente** en famille, à la télévision et à l'ordinateur, mais ils profitent aussi de leurs loisirs pour s'initier à une nouvelle activité ou pour **se perfectionner** (cours de langue, **initiation** à internet ...).

Le sport
Les Français sont de plus en plus nombreux à chercher un **contrepoids** à leur vie **sédentaire**. En général, ils font du sport pour le **plaisir**, pour **rester en forme** et **se sentir bien dans leur peau**, sans esprit de **compétition**.

Le ***football** (le foot) est le premier sport **collectif** en France. Le **rugby** est surtout apprécié dans le Sud-Ouest. Les sports **individuels** (jogging, **gymnastique**, **bicyclette**) ont **pris le pas** sur les sports d'**équipe**, qu'on ne peut **pratiquer** que dans des clubs ou des **associations sportives**. Après le foot, les sports qui **regroupent** le plus grand nombre de **licenciés** sont le tennis, le judo ... et la **pétanque**, « sport national » français.

Pendant les vacances, l'**alpinisme**, les **sports d'hiver** (**ski alpin** ou **ski de fond**) et les **sports nautiques** (**natation**, **voile** ou **planche à voile**) ont de nombreux **adeptes**, ainsi que la **randonnée** et le **cyclotourisme**.

La **chasse** et la **pêche**, sports traditionnels, sont toujours les occupations **favorites** d'un bon nombre de Français. Parmi les sports « à la mode », on peut citer le golf, le **vélo tout terrain** (VTT) ou le **parapente**, ainsi que les **sports de glisse**, qui s'associent à l'idée de liberté : le ***skateboard**, les **rollers** ou le ***snowboard** par exemple. Les femmes et les ***séniors**, quant à eux, préfèrent se diriger vers des activités sportives plus douces, dans lesquelles ils recherchent surtout le **bien-être** et l'**équilibre**.

les loisirs *m*	Freizeit(beschäftigung)
la réduction	*hier:* Verkürzung
le pouvoir d'achat	Kaufkraft
la diversification	Diversifizierung; Vielfalt
manuel,le	zur Handarbeit gehörend, handwerklich
consacrer	widmen
le temps libre	Freizeit
la détente	Entspannung, Erholung ➜ *se détendre*
se perfectionner	sich fort-, weiterbilden
l'initiation *f*	Einführung, -weisung ➜ *s'initier à*
un contrepoids	Gegengewicht
sédentaire	*hier:* sitzend
le plaisir	Vergnügen ➜ *plaire; gefallen*
la forme	*hier:* (körperliche) Form
rester en forme	fit bleiben
se sentir bien dans sa peau	sich in seiner Haut wohl fühlen
la compétition	Wettkampf, Wettbewerb
collectif, –ive	Mannschafts-
le rugby [ʀygbi]	Rugby
individuel,le	Einzel-, Individual-
la gymnastique	Gymnastik, Turnen
la bicyclette	Fahrrad, Rad fahren ➜ *le vélo*
prendre le pas sur qn/qc	in den Hintergrund drängen
une équipe	Mannschaft
pratiquer (un sport)	ausüben, treiben
une association sportive	Sportverein
regrouper	vereinigen, umfassen
un,e licencié,e	(eingeschriebenes) Mitglied
la pétanque	Boules, Boggia
l'alpinisme *m*	Bergsteigen
les sports *m* d'hiver	Wintersportarten
le ski alpin	Abfahrtslauf, alpiner Skilauf
le ski de fond	Skilanglauf
les sports *m* nautiques	Wassersportarten
la natation	Schwimmen
la voile	Segeln ➜ ⚠ *le voile; Schleier*
la planche à voile	Windsurfen, *auch:* (Wind)Surfbrett
un,e adepte	Anhänger/in
une randonnée	Wandern, (lange) Wanderung
le cyclotourisme	Radwandern
la chasse	Jagd
la pêche	Angeln, Fischen
favori,te	bevorzugt, Lieblings-
le vélo tout terrain	Mountainbike, Querfeldeinfahren
le parapente	Gleitschirm, Gleitschirmfliegen
un sport de glisse	Gleitsportart
les rollers	Inliner, Inlineskates
le bien-être	Wohlbefinden, -ergehen
l'équilibre *m*	Gleichgewicht, Ausgeglichenheit

Les loisirs culturels
Les bibliothèques, ou les **bibliobus** en milieu rural, permettent à tous l'accès à la ***lecture**. Le **goût** pour la musique et le théâtre s'est développé et **répandu** dans l'ensemble du pays, grâce aux efforts de décentralisation culturelle, et aux ***festivals** qui attirent un **public** nombreux et **fidèle**. Paris, avec ses innombrables musées et **salles de spectacle**, demeure malgré tout la capitale de la culture par excellence.

Les Français, toutes ***générations** confondues, sont deux fois plus nombreux qu'il y a 25 ans à consacrer une partie de leurs loisirs à des activités culturelles ou **artistiques**. Cependant, la tendance à **se tourner vers** la culture reste très liée au **niveau d'instruction**.

*Le **bricolage** et le **jardinage***
Ce sont deux activités en pleine expansion : elles permettent de réduire les dépenses liées à l'**amélioration** du **cadre de vie**, constituent une **occupation** agréable et ***créative** et répondent au besoin de faire quelque chose d'**utile** de ses mains ou de retrouver le ***contact** avec la ***nature**.

***Week-ends** et vacances*
Aujourd'hui, la population, concentrée en milieu **urbain**, a parfois besoin de **se dépayser** et d'**échapper** au ***stress** quotidien ; de plus, l'institution des **congés payés**, l'**élévation** du **niveau de vie** et l'amélioration des moyens de transport ont permis à un nombre croissant de personnes de **s'offrir** des vacances. En France, la loi **accorde** aux **salariés** 5 semaines de congés payés par an. La **réduction du temps de travail** à 35 heures par semaine permet parfois de regrouper les heures libres pour avoir des week-ends **prolongés**.

Les Français **s'évadent** volontiers : certains mettent à profit chaque **pont**, chaque **jour férié**. Les **fins de semaine** sont pour de nombreux **citadins** une occasion de se réunir en famille, de retrouver des amis, ou tout simplement de **se détendre** à la **campagne**, dans une **résidence secondaire**. Les **parcs de loisirs** sont aussi des **buts d'excursion** appréciés pour le week-end.

Plus de la moitié des Français partent en vacances, mais très peu à l'étranger : la **variété** des **sites** touristiques, la richesse du **patrimoine**, mais aussi la **méfiance à l'égard** d'autres cultures ou **habitudes gastronomiques** et le manque de goût pour un mode de vie inhabituel font que le Français aime bien rester dans son pays.

un bibliobus	Bücherei auf Rädern, Fahrbücherei
le goût	Geschmack, Vorliebe
se répandre	sich ausbreiten, sich verbreiten
le public	Publikum
fidèle	treu ➜ *la fidélité*
une salle de spectacle	Theatersaal
artistique	künstlerisch ➜ *un,e artiste, Künstler/in*
se tourner vers	sich zuwenden
le niveau d'instruction	Bildungsniveau
le bricolage	Basteln, Heimwerken ➜ *bricoler*
le jardinage	Gartenbau, Gartenarbeit
une amélioration	Verbesserung, Verschönerung
le cadre de vie	Lebensbereich, Umgebung
une occupation	*hier:* Beschäftigung
utile	nützlich ➜ *l'utilité f*
urbain,e	städtisch
se dépayser	verreisen, in die Ferne reisen
échapper	entkommen
les congés payés	bezahlter Urlaub
l'élévation *f*	Ansteigen, Anstieg
le niveau de vie	Lebensstandard
s'offrir qc	sich etw. leisten
accorder	gewähren, zugestehen
un,e salarié,e	Arbeitnehmer/in
la réduction du temps de travail	Arbeitszeitverkürzung
prolonger	verlängern
s'évader	*hier:* „ausfliegen", verreisen
un pont	*hier:* Brückentag
un jour férié	Feiertag, arbeitsfreier Tag
la fin de semaine	Wochenende ➜ = *le week-end*
un,e citadin,e	Städter/in
se détendre	ausspannen, sich entspannen
la campagne	Land (im Gegensatz zur Stadt)
une résidence secondaire	Zweitwohnsitz
un parc de loisirs	Freizeitpark
un but d'excursion	Ausflugsziel
la variété	Vielfalt
un site	Stätte, Gegend
le patrimoine	(Kultur)Erbe
la méfiance	Misstrauen ➜ *se méfier de*
à l'égard de	hinsichtlich, in Bezug auf
une habitude gastronomique	Essgewohnheit

La tendance actuelle est de prendre des vacances courtes plusieurs fois dans l'année. Pour la majorité des **vacanciers**, la mer est toujours un lieu de **séjour** idéal. Pourtant, de nouvelles **formules** – randonnées, **croisières**, « **aventures** » organisées par des **agences de voyages** ou des **clubs de vacances** dans des pays ***exotiques** – attirent de plus en plus de ***touristes**.

Le **tourisme de santé** (cures de **thalassothérapie**, par exemple) est en expansion, ainsi que les week-ends ***organisés à thème** gastronomique, sportif ou culturel (visites de grandes capitales européennes ou de sites ***historiques**). Pour beaucoup d'enfants et d'**adolescents**, il est encore d'usage de passer une partie des vacances avec d'autres jeunes dans une **colonie de vacances** tandis que les **sports d'hiver**, à cause de leur **coût** élevé, restent une formule de vacances **minoritaire**.

Les médias

La presse

Parmi les médias, la presse a été le premier à pouvoir présenter à un très large **public** ***information** et **divertissement**. Aujourd'hui, s'ils ne sont pas **abonnés**, les Français achètent généralement leur journal **au numéro**, dans une **maison de la presse**, au ***kiosque** ou au **bureau de tabac**.

La **presse quotidienne nationale** (parisienne), représentée principalement par *Le Monde* (www.lemonde.fr ; centre gauche), *Le Figaro* (www.lefigaro.fr ; centre droite), *Libération* (www.libération.fr ; gauche anticonformiste) et *France-Soir* (journal populaire de droite), informe avant tout sur l'**actualité** nationale et internationale, et donne dans ses **colonnes** une grande place à la politique. *L'Equipe* (www.lequipe.fr) ***informe** quotidiennement les Français sur l'actualité sportive.

La **presse régionale**, p. ex. *Ouest-France* (www.ouest-france.com) ou *Les dernières nouvelles d'Alsace* (www.dna.fr), **publie** de nombreux **faits divers**, donne les **nouvelles locales**, et **traite** des **sujets** qui intéressent directement ses **lecteurs**. Elle est souvent en situation de ***monopole** régional, ce qui explique son importante **diffusion**.

La **presse périodique** est en bonne santé : des milliers de **magazines** (**hebdomadaires**, **mensuels** ou **suppléments week-end édités** par les journaux) s'adressent à des publics **spécifiques**. Depuis les **magazines d'information** ou « news magazines » jusqu'aux **revues de mode**, en

un,e vacancier, -ière	Urlauber/in ➜ *les vacances f*
un séjour	Aufenthalt
une formule	Angebot, Formel
une croisière	Kreuzfahrt
des aventures *f*	*hier:* Abenteuerreisen
une agence de voyages	Reiseveranstalter, -büro
un club de vacances	Ferienklub
le tourisme de santé	Gesundheits-, Wellnesstourismus
la thalassothérapie	Thalassotherapie (Meerwassertherapie)
à thème	*hier:* unter einem Motto
un,e adolescent,e	Heranwachsende/r, Jugendliche/r
une colonie de vacances	Ferienlager, -kolonie
un sport d'hiver *m*	Wintersport
le coût	Kosten ➜ *coûter*
minoritaire	eine Minderheit betreffend
les (mass)médias *m*	(Massen)Medien ➜ ***E*** *mass media*
la presse (écrite)	Presse
le public	Leserschaft
un divertissement	Unterhaltung ➜ *se divertir*
(être) abonné,e	abonniert (sein)
au numéro	als Einzelexemplar
une maison de la presse	Zeitschriftengeschäft
un bureau de tabac	Tabakgeschäft
la presse quotidienne nationale	überregionale Tagespresse
l'actualité *f*	Tagesgeschehen
une colonne	Spalte
la presse régionale	Regionalpresse
publier	veröffentlichen
les faits *m* divers	vermischte Nachrichten; Verschiedenes
une nouvelle locale	Lokalnachricht
traiter (de) qc	etw. behandeln, handeln von
un sujet	Thema
un,e lecteur, -trice	Leser/in
la diffusion	Verbreitung
la presse périodique	Zeitschriftenpresse, die Zeitschriften
un magazine	Zeitschrift ➜ ⚠ *un magasin; Laden*
un hebdomadaire	Wochenzeitung, -zeitschrift
un mensuel	monatlich erscheinende Zeitschrift
un supplément week-end	Wochenendbeilage
éditer	herausgeben
spécifique	spezifisch, besonders
un magazine d'information	Nachrichtenmagazin
une revue de mode	Modezeitschrift

passant par la **presse à scandale**, la **presse du cœur**, la **presse des jeunes**, la **bande dessinée** ou les **revues professionnelles**, tous les domaines sont représentés par d'innombrables **publications**. Ce sont pourtant les **magazines télé** qui ont de loin le **tirage** le plus élevé. Parmi les **consommateurs** de la presse magazine on trouve une grande majorité de femmes.

La **une** est la carte de visite du journal. Elle doit attirer le lecteur par ses **gros titres** et ses **manchettes**. L'**éditorial** résume l'opinion du **rédacteur en chef** ou d'un ***journaliste** important de la ***rédaction**.

La **presse à sensation** doit son succès aux **comptes-rendus** et aux **prétendues révélations** sur la vie privée des vedettes. Un journal comme *Le Monde*, au contraire, propose des **articles de fond** bien **documentés**, et des **chroniques** sur la vie économique, intellectuelle et scientifique qui influencent l'**opinion publique**.

On trouve dans la plupart des journaux des **reportages sportifs**, une **rubrique** culturelle présentant des **critiques** de films, de spectacles ou de livres, un **courrier des lecteurs** et des **petites annonces**.

Aujourd'hui, grâce à l'ordinateur, la **réception**, le **traitement** et la diffusion de l'information sont devenus plus rapides. De plus, les pratiques de la **photocomposition** et de l'**offset** permettent de gagner en vitesse d'**impression**.

la presse à scandale	Skandalpresse
la presse du cœur	Regenbogenpresse
la presse des jeunes	Jugendzeitschriften
la bande dessinée	Comic
une revue professionnelle	Fachzeitschrift
une publication	Veröffentlichung
un magazine télé	Fernsehzeitschrift
le tirage	Auflage
un,e consommateur, -trice	Verbraucher/in, Konsument/in
la une	Titelseite
un gros titre	Schlagzeile
une manchette	Schlagzeile
un éditorial	Leitartikel
le/la rédacteur, –trice (en chef)	(Chef)Redakteur/in
la presse à sensation	Sensations-, Boulevardpresse
un compte-rendu	Bericht
prétendu,e	vorgeblich, sogenannt
une révélation	Enthüllung
un article de fond	Analyseartikel
documenté,e	(gut) recherchiert
une chronique	(Hintergrund)Bericht
l'opinion *f* publique	öffentliche Meinung
un reportage sportif	Sportreportage
une rubrique	(Wirtschafts-, Kultur-, etc.)Teil
une critique	Kritik, Besprechung, Rezension
le courrier des lecteurs	Leserbriefe
les petites annonces	(Klein)Anzeigen
la réception	(Nachrichten)Eingang
le traitement (de texte)	(Text)Verarbeitung
la photocomposition	Fotosatz
l'offset *m*	Offsetdruck
l'impression *f*	Druck ➜ *imprimer*

Mais la presse française connaît aussi de graves problèmes : de plus en plus de **titres** appartiennent à une même **maison d'édition** ou à un **groupe de presse influent**. En outre, les journalistes ont souvent recours aux **communiqués** fournis par les **agences de presse**. La diversité est donc plus **apparente** que réelle.

D'autres problèmes viennent de la place importante réservée à la **publicité** qui permet de financer le journal, mais qui risque de mettre en danger la **liberté de la presse**, quand les intérêts des **annonceurs** sont contraires aux **convictions** des journalistes.

En ce qui concerne les **quotidiens**, les tirages restent modestes : les Français lisent environ trois fois moins de journaux que les Allemands. Les raisons de ce **recul** : l'augmentation des **prix de vente** et la situation de ***concurrence** avec la radio, la télévision et, plus **récemment**, l'internet.

La presse écrite reste pourtant une **source d'information** appréciée : elle a sur l'**audiovisuel** l'**avantage** de présenter des informations complètes et précises, et de les ***commenter**. Mais l'internet, qui permet un accès facile et le plus souvent gratuit aux informations internationales, est de plus en plus **compétitif**.

*La *radio*

Tous les foyers français sont **équipés** d'au moins un **poste de radio**. L'évolution des techniques permet la production à bon marché d'un grand nombre d'appareils : **transistors**, **radio-réveils**, **autoradios** ou **baladeurs** ; chacun peut ainsi **recevoir** ses ***programmes** favoris à tout moment. Le RDS (radio data système), dont sont **munis** les appareils modernes, permet la **recherche** automatique des **stations**.

Par rapport à la presse écrite, la radio garde l'avantage de la rapidité : les **speakers** donnent les dernières **nouvelles** vingt-quatre heures sur vingt-quatre, les ***reporters** et les **envoyés spéciaux** font vivre aux **auditeurs** les **événements en direct**.

Radio France, société nationale, regroupe France Inter, France Culture, France Musiques, France Info et France Bleu ainsi que de nombreuses stations régionales. Jusqu'en 1982, une loi concernant le monopole d'Etat sur l'information a obligé les **émetteurs privés** à s'installer aux frontières du pays. Ces stations (Europe I, Radio Luxembourg/RTL, Radio Monte Carlo/RMC) **émettent** généralement sur **grandes ondes** ou **petites ondes**. Du fait de leur **localisation**, on les appelle aussi « **radios périphériques** ».

un titre	Titel, Blatt
une maison d'édition	Verlagshaus
un groupe de presse	Zeitungsgruppe
influent,e	einflussreich ➜ *l'influence f; Einfluss*
un communiqué	Meldung
une agence de presse	Presseagentur
apparent,e	scheinbar
la publicité	Werbung, Reklame
la liberté de la presse	Pressefreiheit
un annonceur	Inserent
une conviction	Überzeugung ➜ *convaincre*
un quotidien	Tageszeitung
un recul	Rückgang
le prix de vente	Verkaufspreis
récemment	kürzlich, neulich
une source d'information	Informationsquelle
l'audiovisuel *m*	audio-visuelle Medien
un avantage	Vorteil ➜ ≠ *un désavantage*
compétitif, -ive	wettbewerbsfähig
être équipé,e de	ausgerüstet sein mit
un poste de radio	Radiogerät
un transistor	Transistor, Kofferradio
un radio-réveil	Radiowecker
un autoradio	Autoradio
un baladeur (un walkman)	Walkman
recevoir	empfangen
être muni,e de	ausgestattet sein mit
une recherche	Suche
une station	Station, Sender
un speaker/une speakerine [spikœʀ]	Sprecher/in
une nouvelle	Nachricht
un envoyé spécial	Sonderberichterstatter
un,e auditeur, -trice	Hörer/in
un événement	Ereignis
en direct	als Livesendung
un émetteur privé	Privatsender, -sendestation
émettre	senden, ausstrahlen
les grandes ondes	Langwelle
les petites ondes	Mittelwelle
la localisation	Standort
une radio périphérique	Sender außerhalb Frankreichs

Depuis, une nouvelle loi autorise les radios privées. Conséquence : une **multitude** de **radios locales** voit le jour. Elles émettent le plus souvent en **modulation de fréquence (FM)**. Leur **recette** pour avoir une **audience** importante : beaucoup de musique, des **jeux radiophoniques**, et quelques **flashes** ou **bulletins d'information**. De plus, ces radios adaptent leur **programmation** à des publics bien déterminés. Les **ondes** des radios locales privées (**radio libres**) sont largement ouvertes à la publicité. Parmi les radios libres les plus écoutées, **citons** NRJ, Europe 2, Skyrock et FunRadio.

Les Français préfèrent encore les radios nationales ou périphériques pour certaines catégories d'**émissions** (**journaux**, **débats**, **retransmissions** de **pièces radiophoniques** ou de concerts), mais beaucoup trouvent les radios locales plus sympathiques.

Depuis 1996, une loi **impose** aux stations de radio françaises un **quota** de 40 % de chansons françaises. Vivement ***critiquée** par les **stations musicales**, cette décision semble bien **accueillie** par la plupart des Français. Ella a en tout cas eu pour résultat une **montée considérable** des ventes de ***productions** françaises.

La ***télévision***

La télévision occupe dans la vie moderne une place de plus en plus importante. On trouve un **téléviseur** dans 95 % des foyers ; les **écrans couleur** ont remplacé le **noir et blanc**.

De tous les médias, la **télé** est celui qui a fait les progrès les plus spectaculaires. Aujourd'hui, grâce aux ***satellites**, des ***programmes** peuvent être **diffusés** en même temps dans le monde entier. Il suffit d'avoir une **antenne parabolique** ou d'être relié à un **réseau câblé** pour pouvoir **capter** des dizaines de **chaînes** françaises et étrangères. Ce fait a transformé notre mode de vie : la télé est le premier **passe-temps** des jeunes et des adultes.

Les programmes les plus regardés sont les **téléfilms de fiction**, suivis par les **documentaires**, les **journaux télévisés**, les films, les jeux, le sport et les **variétés**. Afin de protéger la **création cinématographique** nationale, les chaînes de télévision ont l'**obligation** de diffuser 50 % de films français.

une multitude	große Zahl, Menge
la radio locale	Lokalsender
la modulation de fréquence (FM)	UKW
une recette	Rezept
une audience	Hörerschaft
un jeu radiophonique	Quizsendung
un flash d'information	Kurznachricht
un bulletin d'information	Nachrichtensendung
la programmation	Programmgestaltung
les ondes *f*	Welle, Frequenz
une radio libre	(lokaler) Privatsender
citer	anführen, erwähnen
une émission	Sendung
un journal	Nachrichtensendung
un débat	Debatte, Streitgespräch
une retransmission	Übertragung ➜ *retransmettre*
une pièce radiophonique	Hörspiel
imposer	vorschreiben
un quota	Quote
une station musicale	Musiksender
accueillir	aufnehmen
une montée	Anstieg ➜ ≠ *une baisse*
considérable	beträchtlich
la télévision	Fernsehen
un téléviseur	Fernsehgerät
un écran couleur	Farbbildschirm
le noir et blanc	Schwarz-Weiß(-Fernsehen)
la télé *fam*	Fernsehen
diffuser	ausstrahlen
une antenne parabolique	Parabolantenne
le réseau câblé	Kabelnetz
capter	empfangen
une chaîne	Programm, Kanal
un passe-temps	Zeitvertreib
un téléfilm de fiction	Fernseh(Spiel)film
un documentaire	Dokumentarfilm
le journal télévisé	Nachrichtensendung
les variétés *f*	Unterhaltungssendungen
la création cinématographique	Filmschaffen
une obligation	Verpflichtung ➜ = *le devoir*

Les avantages de la télévision :

- Elle peut **élargir** notre vision du monde.
- Elle permet à tous de recevoir information, divertissement ou **culture**, **à domicile** et sans effort (**démocratisation** de l'information).
- Elle constitue un **remède** contre l'**ennui** et la **solitude**.
- Les personnes seules, âgées, malades peuvent rester **en contact** avec l'actualité.

Les dangers et les inconvénients :

- Elle remplace peu à peu la **communication** directe.
- Elle **incite** à une **attitude** passive face aux événements.
- L'**image se substitue** à la réalité.
- Elle a une forte **influence** sur les enfants, et il est difficile de contrôler les émissions qu'ils regardent.
- Certaines émissions peuvent inciter à une forme de ***voyeurisme** sur laquelle on ne se pose peut-être pas assez de questions.

En 1982, les **téléspectateurs** français se sont **réjouis** de la **disparition** du **monopole d'Etat,** qui a eu pour conséquence une diversification du **paysage médiatique**.

Aux trois **chaînes publiques** se sont alors ajoutées de nombreuses **chaînes locales mettant l'accent** sur l'information régionale, plusieurs **chaînes commerciales privées**, et une **chaîne codée à péage** (Canal +) réservée aux **abonnés munis** d'un **décodeur**.

TF1, une des chaînes publiques, a été ***privatisée** en 1987.

Depuis 1992, Arte, chaîne culturelle franco-allemande, émet depuis Strasbourg. On peut aujourd'hui dire d'Arte qu'elle est une chaîne européenne : **associée** à d'autres télevisions publiques, elle est diffusée simultanément et en plusieurs langues dans toute l'Europe (p. ex. en Belgique, Suisse, Espagne, Pologne, Autriche, Finlande et aux Pays-Bas).

élargir	erweitern → *l'élargissement; Erweiterung*
la culture	Kultur, Bildung
à domicile	zu Hause
la démocratisation	Demokratisierung
un remède	Hilfsmittel, Abhilfe
l'ennui *m*	Langeweile → *s'ennuyer*
la solitude	Einsamkeit → *seul,e*
en contact avec	in Verbindung mit
la communication	Gespräch, Kommunikation
inciter qn à (faire) qc	jdn zu etw. veranlassen
une attitude	Haltung
une image	Bild, Darstellung
se substituer à qc	ersetzen, an die Stelle treten
l'influence *f*	Einfluss
un,e téléspectateur, -trice	Fernsehzuschauer/in
se réjouir de	sich freuen über
la disparition	Verschwinden → *disparaître*
le monopole d'Etat *m*	Staatsmonopol
le paysage médiatique	Medienlandschaft
une chaîne publique	öffentliche Fernsehanstalt
une chaîne locale	Lokalsender
mettre l'accent sur	Schwerpunkt setzen
une chaîne (commerciale) privée	(kommerzieller) Privatfernsehsender
une chaîne codée à péage	verschlüsseltes Pay-TV
un abonné	Abonnent
muni,e de	ausgestattet mit
un décodeur	Decoder
être associé,e à qc	an etw. teilhaben, beteiligt sein

Mais la concurrence entre toutes ces chaînes a aussi des effets négatifs :

- On assiste à une invasion de la « **pub** », même pendant les films, qui sont coupés par des **spots publicitaires** ou des **pages de publicité**.
- Du **journal télévisé** aux **retransmissions sportives**, il faut partout des **présentateurs-vedettes** qui coûtent très cher.
- Il y a dans tous les programmes une multitude de **feuilletons** et de téléfilms américains bon marché, et peu de place pour des ***productions** nouvelles.
- Les **jeux télévisés**, les **reality-shows** et les variétés occupent les **heures de grande écoute** ; les documentaires, les ***reportages** et les **télédébats**, moins bons pour l'**audimat**, passent très tard le soir. Heureusement, le **magnétoscope** permet d'**enregistrer** des émissions et d'en conserver la **vidéocassette**. Le DVD (disque vidéo digital) n'est pas encore très **répandu**, mais il est **prévisible** qu'il jouera à l'avenir un rôle de plus en plus important.

Il suffit de prendre la **télécommande** et de **zapper** un peu pour voir que la **diversité des programmes** est une illusion. Sauf pour quelques **chaînes à vocation culturelle**, qui n'ont que peu d'**audience**, la recette du succès est partout la même : action, violence, manque d'imagination, conformisme.

Pour **toucher** un large public, les **directeurs de chaînes** ont choisi le **nivellement par le bas**. Ce qui peut **inquiéter**, si l'on considère qu'on passe aujourd'hui plus de temps devant le **petit écran** qu'au travail.

la pub *fam*	Werbung
un spot publicitaire	Werbespot
une page de publicité	Werbeblock
le journal télévisé	Nachrichtensendung
une retransmission sportive	Sportübertragung
un,e présentateur, -trice (-vedette)	(Star)Moderator/in
un feuilleton	Fernsehserie
un jeu télévisé	Spiel- und Quizsendung, Gameshow
un reality-show	Realityshow
l'heure *f* **de grande écoute**	Hauptfernsehzeit
un télédébat	Talkshow
l'audimat *m*	Einschaltquoten
un magnétoscope	Videogerät
enregistrer	aufzeichnen → *un enregistrement*
une vidéocassette	Videokassette
répandre	verbreiten
prévisible	vorhersehbar → *prévoir*
une télécommande	Fernbedienung
zapper	zappen
la diversité des programmes	Programmvielfalt
une chaîne à vocation culturelle	Kulturkanal
l'audience *f*	*hier:* die Zuschauer
toucher	ansprechen, erreichen
un directeur de chaîne	Fernsehdirektor
le nivellement par le bas	Angleichung von unten her/nach unten
inquiéter	beunruhigen → *l'inquiétude; Unruhe*
le petit écran	Bildschirm, Fernsehen

La *religion

Les différentes religions
De tout temps, les hommes se sont posé des questions sur l'**origine** de l'**univers** et de la vie. Pour essayer d'expliquer ce **mystère**, ils ont adopté des **croyances** en un ou plusieurs **dieux**. Plus des trois quarts de l'**humanité croient** à l'existence d'un **être supérieur**, **surnaturel**, qui a **créé** le monde et **gouverne** l'univers. Pour presque toutes les religions, il y a une vie **éternelle** après la mort : ***paradis**, **enfer** ou **réincarnation de l'âme**.

Le **judaïsme**, religion du peuple **hébreu**, a été la première religion **monothéiste**.

Le **christianisme** est représenté principalement par les ***catholiques**, les ***protestants** et les ***orthodoxes**. C'est la **foi** la plus répandue sur terre.

L'***islam**, religion du monde arabe, s'étend aussi dans toute l'Afrique et jusqu'en Asie. Les **musulmans** croient en Allah, un dieu **unique** (le même que celui des **juifs** et des **chrétiens**) et en son ***prophète** Mahomet. Leur livre **saint** est le ***Coran**.

En Extrême-Orient se sont développées des religions **polythéistes**. L'***hindouisme** et le ***bouddhisme** sont celles qui comptent le plus de **fidèles**.

La religion en France
La France est traditionnellement un pays catholique. Le **catholicisme** a été **religion d'Etat** jusqu'à la Révolution. Depuis la **séparation** de l'**Eglise** et de l'Etat (1905), la société française a pour principe la **laïcité** : l'Eglise doit rester politiquement **neutre**, l'Etat garantit la **liberté de culte** mais ne **se mêle** pas des affaires de religion. Un exemple : l'**enseignement religieux** ne **figure** pas dans les programmes scolaires ; il doit avoir lieu en dehors des heures de classe.

L'Etat n'a pas d'influence sur la **nomination** des **évêques**, **curés**, **pasteurs** ou **rabbins**. Les **prêtres**, par exemple, ne sont pas payés par un impôt, mais par le **denier du culte**. A côté de l'enseignement public, laïc, il existe des établissements scolaires religieux, privés (écoles libres).

l'origine *f*	Ursprung
l'univers *m*	Universum
un mystère	Geheimnis, Rätsel
une croyance	Glaube
un dieu	Gott ➜ ⚠ *Dieu m ; der christliche Gott*
l'humanité *f*	Menschheit
croire à qc/qn	an etw./jdn glauben ➜ ⚠ *croire en Dieu; an Gott glauben*
un être supérieur	höheres Wesen
surnaturel,le	übernatürlich
créer	(er)schaffen ➜ *la création; Schöpfung*
gouverner	lenken
éternel,le	ewig ➜ *l'éternité*
l'enfer *m*	Hölle
la réincarnation de l'âme	Seelenwanderung
le judaïsme	Judentum
hébreu, hébraïque	hebräisch, jüdisch
monothéiste	monotheistisch, an einen Gott glaubend
le christianisme	Christentum
une foi	Glaube ➜ ⚠ *la fois; Mal/le foie; Leber*
un,e musulman,e	Muslim
unique	einzig, alleinig
un,e juif, -ive	Jude/Jüdin
un,e chrétien,ne	Christ/in
saint,e	heilig
polythéiste	polytheistisch, an mehrere Götter glaubend
un,e fidèle	Gläubige/r ➜ *fidèle (adj); treu*
le catholicisme	Katholizismus
la religion d'Etat	Staatsreligion
la séparation	Trennung
l'Eglise *f*	die (katholische) Kirche
la laïcité	religiöse Neutralität
neutre	neutral
la liberté de culte	freie Religionsausübung
se mêler de	sich einmischen in
l'enseignement *m* religieux	Religionsunterricht
figurer dans	erscheinen/sich zeigen in
une nomination	Ernennung
un évêque	Bischof
un curé	katholischer Pfarrer
un pasteur	protestantischer Pfarrer
un rabbin	Rabbiner
un prêtre	Priester
le denier du culte	freiwillige Abgabe an die Kirche

75 % des Français sont de **confession** catholique, mais les **pratiquants** réguliers sont de moins en moins nombreux. Il est toujours **courant** de faire **baptiser** son enfant, de l'envoyer au **catéchisme** et de lui faire faire sa **communion solennelle** ; ou encore, de **célébrer** à l'**église** les **mariages** ou les **enterrements**.

Mais les Français qui vont à la ***messe** tous les dimanches, **se confessent** et **communient** régulièrement sont de plus en plus rares. Cette ***tendance** est encore plus **nette** chez les jeunes. Les églises ne sont pleines que les jours de fête (**Noël**, **Pâques**, l'**Ascension**, la **Pentecôte**, l'**Assomption** ou la **Toussaint**).

Environ 1,5 % des Français sont protestants. Les **adeptes** de la **Réforme**, qui n'acceptent que la **Bible** comme autorité, **privilégient** la foi et la **prière**. Leur **culte** a lieu dans des **temples**. Longtemps **persécutés**, les protestants de France sont sortis définitivement de la **clandestinité** après la Révolution.

Entre trois et cinq millions de musulmans font de l'islam la deuxième religion de France. Ce sont surtout des travailleurs immigrés du Maghreb, mais aussi des enfants d'immigrés nés en France. Les musulmans se réunissent le vendredi à la **mosquée**. Parmi les **commandements** les plus importants de l'islam : **prier** cinq fois par jour, faire un **pèlerinage** à **la Mecque** une fois dans sa vie, **jeûner** pendant le ramadan. L'alcool et la viande de porc sont interdits. Les musulmans **intégristes exigent** que les femmes portent le **voile**.

Décimée sous l'occupation allemande, la **communauté juive** est redevenue un peu plus nombreuse. Le culte **israélite** reste très **vivace** en France.

une confession	Konfession, Bekenntnis
un,e pratiquant,e	aktive/r Kirchgänger/in, praktizierende/r Gläubige/r
courant,e	üblich, gewöhnlich
baptiser	taufen ➜ *le baptême; Taufe*
le catéchisme	(katholischer) Religionsunterricht
la communion solennelle [sɔlanɛl]	feierliche (Erst)Kommunion
célébrer	feiern, begehen, vornehmen
une église	Kirche, Kirchengebäude
un mariage	Hochzeit, Eheschließung ➜ *se marier avec qn; jmd heiraten*
un enterrement	Beerdigung
se confesser	beichten
communier	kommunizieren, die Kommunion empfangen
net, -te	deutlich, ausgeprägt ➜ = *clair,e*
Noël ***m***	Weihnachten
Pâques ***f***	Ostern
l'Ascension ***f***	Christi Himmelfahrt
la Pentecôte	Pfingsten
l'Assomption ***f***	Mariä Himmelfahrt
la Toussaint	Allerheiligen
un,e adepte	Anhänger/in
la Réforme	Reformation
la Bible	Bibel
privilégier	privilegieren, bevorzugen
une prière	Gebet ➜ *faire ses prières; beten*
le culte	Kult, protestantischer Gottesdienst
un temple	Tempel, protestantische Kirche
persécuter	verfolgen ➜ *la persécution; Verfolgung*
la clandestinité	Untergrund ➜ *clandestin,e; heimlich*
une mosquée	Moschee
un commandement	Gebot, Vorschrift
prier	beten
un pèlerinage	Wallfahrt
la Mecque	Mekka
jeûner	fasten ➜ *à jeun; nüchtern*
intégriste	fundamentalistisch
exiger	fordern
le voile	Schleier ➜ ⚠ *la voile; Segel*
la communaute juive	jüdische Religionsgemeinschaft
israélite	jüdisch
vivace	lebendig, lebenskräftig ➜ = *vif, vive*

Les tendances actuelles
Dans notre société, on préfère souvent les **valeurs *matérielles** aux valeurs **spirituelles**. Pour les **croyants**, la religion est de plus en plus une affaire personnelle. Les **pratiques religieuses** et la **piété** traditionnelle ont perdu de leur importance, et le **refus** des **doctrines**, ou d'une ***morale** stricte qui qualifie toute **déviation** de **péché**, est aujourd'hui courant. Par conséquent, l'influence de l'Eglise catholique sur le **mode de vie** et sur la société a sensiblement diminué, et l'***athéisme**, ou du moins l'**indifférence** à l'égard de l'Eglise, est en net progrès. L'attitude ***dogmatique** du **Pape** face à des problèmes de société actuels, comme le divorce, la **contraception**, l'**avortement** ou le **sida** est souvent mal acceptée.

Le nombre de **moines**, **religieuses** et prêtres est en baisse constante. Le **célibat** imposé aux prêtres est une des causes de cette crise des **vocations**. De plus, certains préfèrent l'**engagement social** à une vie **contemplative** dans un **couvent** ou un **monastère**.

On assiste, par contre, à une forte progression de l'islam, et surtout de l'**intégrisme** musulman. Ce phénomène peut poser des problèmes, car les **obligations** liées à la pratique de l'islamisme « **pur et dur** » entrent parfois en conflit avec le principe de laïcité de la société française. Ainsi, par exemple, des jeunes musulmanes issues de familles ***fondamentalistes** ont été renvoyées de leur école parce qu'elles refusaient d'**ôter** leur **foulard** pendant les cours. Mais les **mouvements *intégristes** existent aussi au sein de la communauté catholique, où des ***traditionnalistes** s'opposent **rigoureusement** à toute réforme de l'Eglise.

Le phénomène des **sectes**
Pendant que l'Eglise perd sans arrêt des fidèles, des sectes se développent en permanence. Face au **vide spirituel** de notre société ***matérialiste**, beaucoup de ceux qui ont tourné le dos à la religion, mais se posent des questions sur le **sens** de leur vie, pensent y trouver une réponse à leur besoin de **spiritualité** et d'**orientation** morale.

Malheureusement, ils sont souvent ***manipulés** : le ***fanatisme** leur enlève tout **jugement critique**. Certaines sectes utilisent même des méthodes proches du **lavage de cerveau**, pour mettre leurs **membres** dans une situation de **dépendance** qu'elles n'**hésitent** pas à **exploiter**. Certaines d'entre elles se servent dans leurs **rites** de l'**occultisme**, de la peur du **diable** ou d'autres **superstitions** pour **impressionner** leurs **adhérents**.

une valeur	Wert ➜ *valable; gültig*
spirituel,le	geistig ➜ *un esprit; Geist*
un,e croyant,e	Gläubige/r
la pratique religieuse	aktive Religionsausübung
la piété	Frömmigkeit ➜ *prieux, -euse*
un refus	Weigerung, Ablehnung
une doctrine	Doktrin, Lehre
une déviation	Abweichung
un péché	Sünde ➜ ⚠ *la pêche, Angeln; Pfirsich*
le mode de vie	Lebensart, -weise
l'indifférence *f*	Gleichgültigkeit
le Pape	Papst
la contraception	Empfängnisverhütung
un avortement	Abtreibung
le sida	Aids
un moine	Mönch
une religieuse	Nonne
le célibat	Ehelosigkeit, Zölibat ➜ *un célibataire; Junggeselle*
la vocation	Berufung
l'engagement *m* **social**	sozialer Einsatz, Engagement
contemplatif, -ive	meditativ, beschaulich
un couvent	Kloster
un monastère	Kloster
l'intégrisme *m*	Fundamentalismus
une obligation	Verpflichtung
pur,e et dur,e	kompromisslos
ôter	ablegen, ausziehen ➜ = *enlever*
un foulard	Kopftuch, Schal
un mouvement	Strömung, Bewegung
rigoureux, -euse	streng, unbeugsam
une secte	Sekte
le vide spirituel	geistige Leere
le sens	Sinn
la spiritualité	Spiritualität, Geistigkeit
une orientation	Führung, Richtschnur
le jugement critique	Urteilsfähigkeit
le lavage de cerveau	Gehirnwäsche
un membre	Mitglied ➜ ***E*** *member*
la dépendance	Abhängigkeit
hésiter	zögern ➜ *une hésitation; Zögern*
exploiter	ausnutzen, -beuten ➜ *l'exploitation f*
un rite	Ritus, religiöser Brauch
l'occultisme *m*	Okkultismus, Übersinnlichkeit
le diable	Teufel
la superstition	Aberglaube ➜ *superstitieux, -euse*
impressionner	beeindrucken ➜ *une impression; Eindruck*
un,e adhérent,e	Anhänger/in, Jünger

La femme dans la société

L'**égalité des sexes** est, en principe, un des **acquis** de la Révolution française. Pourtant, ce n'est que beaucoup plus tard que les ***féministes** ont obtenu les **droits fondamentaux** qu'une société ***sexiste** leur refusait. Il n'y a pas si longtemps, le rôle de la femme se limitait à **entretenir la maison**, **faire la cuisine** et **élever** les enfants. Le mari pouvait interdire à son **épouse** d'**exercer** une **profession**.

Il a fallu attendre 1944 pour que les Françaises obtiennent le **droit de vote** et l'**égalité civique**. Dans le domaine économique, ce sont les deux guerres mondiales qui ont permis la **promotion féminine** : en effet, les femmes ont alors dû remplacer les hommes partis au front ; le droit au travail **rémunéré** est ainsi devenu la condition essentielle de l'***émancipation**.

Après mai 68, les **manifestations** et l'activité politique du **Mouvement pour la libération de la femme** (MLF) ont mené à une amélioration de la **condition féminine** :

- On a reconnu comme **crime** la **violence** contre les femmes.
- Une réforme du **divorce** a été mise en place .
- Les femmes ont obtenu le droit de décider seules de leurs **grossesses** : en 1967 loi sur la **contraception**, **contrôle des naissances**, **remboursement** de la **pilule**, puis en 1975 loi autorisant l'**interruption volontaire de grossesse** (IVG).
- Toute **discrimination** en raison du sexe est en principe interdite dans la **vie professionnelle**.

Le taux de femmes **actives** a beaucoup augmenté, surtout dans le secteur tertiaire où elles occupent plus de la moitié des postes. Certains noms de métiers, qui n'existaient qu'au masculin, **se féminisent**, reflétant la **féminisation** de l'emploi : on lit de plus en plus fréquemment « une ministre, une députée, une ingénieur(e), une chef, une professeur(e) ou une juge ».

Pour de nombreuses femmes, l'activité professionnelle est aujourd'hui synonyme d'**indépendance** et d'**épanouissement** personnel. Surtout celles qui ont reçu une bonne **formation** font parfois passer leur ***carrière** au premier plan, **au détriment** de la vie **familiale**. D'autres, de plus en plus nombreuses, considèrent qu'on peut **fonder** une famille, sans pour autant être **femme au foyer**. Le développement du **travail à temps partiel** a été très favorable à cette évolution.

l'égalité *f* des sexes	Gleichstellung der Geschlechter
un acquis	Errungenschaft
un droit fondamental	Grundrecht
entretenir la maison	den Haushalt führen
faire la cuisine	kochen ➜ ⚠ *cuire; (gar)kochen*
élever	auf-, erziehen
une épouse/un époux	Ehefrau/-mann
exercer	ausüben
une profession	Beruf ➜ = *un métier*
le droit de vote	Wahlrecht
l'égalité *f* civique	(staats)bürgerliche Gleichstellung
la promotion	Aufstieg
féminin,e	weiblich; *hier:* der Frau
rémunérer	entlohnen, bezahlen ➜ *la rémunération*
une manifestation	Demonstration ➜ ☹ *une démonstration; Beweisführung*
le Mouvement pour la libération de la femme (MLF)	*etwa:* Frauenrechtsbewegung
la condition féminine	Stellung der Frau
un crime	Verbrechen ➜ *un criminel; Verbrecher*
la violence	Gewalt
le divorce	Ehescheidung ➜ *divorcer de; sich scheiden lassen*
une grossesse	Schwangerschaft ➜ *être enceinte; schwanger sein*
la contraception	Empfängnisverhütung
le contrôle des naissances	Geburtenkontrolle
le remboursement	(Rück)Erstattung
la pilule	Pille
l'interruption *f* volontaire de grossesse (IVG)	Schwangerschaftsunterbrechung
la discrimination	Diskriminierung
la vie professionnelle	Berufsleben, Berufstätigkeit
actif, –ive	*hier:* berufstätig
se féminiser	*hier:* eine weibliche Form erhalten
la féminisation	Feminisierung, Zunahme des Frauenanteils
l'indépendance *f*	Unabhängigkeit ➜ ***E*** *independence*
l'épanouissement *m*	Entfaltung, Verwirklichung
la formation	Ausbildung
au détriment de	zu Lasten von ➜ ≠ *en faveur de*
familial,e	Familien-
fonder	gründen ➜ ⚠ *fondre; schmelzen*
une femme au foyer	Hausfrau
travail à temps partiel	Teilzeitarbeit

L'Etat a pris un certain nombre de mesures pour permettre aux **mères de famille** de travailler : elles peuvent **bénéficier** d'un **congé parental d'éducation**, d'une **aide** financière pour l'**emploi** d'une **nourrice**, d'une **aide à domicile** ou d'une **allocation** de **garde** d'enfant. Les **familles nombreuses** (trois enfants ou plus) ont droit à une aide supplémentaire, l'**allocation parentale d'éducation (APE)**, et bénéficient d'**allégements fiscaux**.

En réalité, cependant, l'égalité entre les hommes et les femmes est loin d'être parfaite :

- « A travail **égal**, **salaire** égal » : ce n'est pas toujours le cas, sauf pour les **fonctionnaires**.
- Les métiers typiquement féminins (**infirmière**, **dactylo**) sont en général moins bien considérés et plus mal payés que les autres. L'accès à certaines professions « masculines » est encore difficile pour les femmes.
- Les **emplois** occupés par des femmes sont les plus menacés par le chômage ; en période de crise, on considère les femmes **mariées** qui veulent travailler comme des « voleuses d'emploi ». En outre, elles sont plus concernées que les hommes par les **emplois précaires**.

une mère de famille	Mutter
bénéficier de qc	in den Genuss kommen → *le bénéfice; Gewinn, Nutzen*
le congé parental d'éducation	Erziehungsurlaub
une aide	Hilfe → *aider qn/* ⚠ *un aide; Helfer*
l'emploi ***m***	Beschäftigung, Einstellung
une nourrice	Tagesmutter
une aide à domicile	Haushaltshilfe
une allocation	(staatliche) Beihilfe
la garde	*hier:* Betreuung → ⚠ *un garde; Wächter*
une famille nombreuse	kinderreiche Familie
l'allocation ***f*** **parentale d'éducation**	(staatliche) Erziehungsbeihilfe
un allégement fiscal	Steuererleichterung
égal,e	gleich
le salaire	Lohn, Gehalt → *un,e salarié,e; Arbeitnehmer/in*
un,e fonctionnaire	Beamter, Beamtin
un,e infirmier, –ière	Krankenpfleger, -schwester
une dactylo	Stenotypistin
un emploi	Arbeitsplatz → *employer; beschäftigen*
marié,e	verheiratet
un emploi précaire	unsicherer Arbeitsplatz
une ménagère	Hausfrau
s'activer	sich (eifrig) zu schaffen machen, sich betätigen
braver qc/qn	jdm/etw. die Stirn bieten, sich über etw. hinwegsetzen
taper	tippen
un rapport	Bericht

- Les femmes sont toujours sous-représentées au niveau des **postes** à haute responsabilité, en particulier dans la vie politique. Pour tenter de **rétablir** l'équilibre, une loi impose depuis 2000 la **parité** entre le nombre d'hommes et de femmes sur les ***listes** de ***candidats** aux élections nationales.
- Le **partage** des **tâches ménagères** reste une exception. Les hommes préfèrent en général laisser cette responsabilité à leur **compagne**, qui se retrouve ainsi avec une double journée de travail.
- Bien qu'il y ait beaucoup plus de places **disponibles** dans les **crèches**, **garderies** et **jardins d'enfants** en France qu'en Allemagne, il est parfois difficile pour une femme d'exercer un métier quand elle a des enfants. Cependant, le système scolaire français, avec sa **journée continue**, **facilite** la vie des mères qui travaillent.
- La publicité utilise toujours l'image **machiste** de la **femme-objet**, dont la **féminité** est entièrement au service des désirs des hommes.

La famille

La famille reste pour la plupart des Français une **valeur** de toute première **importance**, et la principale de leurs **préoccupations** dans la **vie quotidienne**. Cependant, le sens du mot « famille » a **évolué**. Bien que **se marier** soit à nouveau à la mode (pour des raisons **fiscales**, entre autres), le **mariage civil** ou **religieux** n'est plus une condition **primordiale** pour fonder une famille. De nombreux **couples**, avec ou sans enfants, choisissent de vivre en **union libre**. En France, les droits du père vis-à-vis d'un **enfant naturel** sont plus étendus qu'en Allemagne.

Conséquence directe de l'augmentation des divorces : les familles **monoparentales** sont de plus en plus nombreuses. Dans une très grande majorité des cas, la **garde** des enfants est **confiée** à la mère, mais l'**autorité parentale** peut être exercée **conjointement** par les deux parents. Il y a aussi de plus en plus de **familles recomposées** (des « familles patchwork »), où chacun des deux **conjoints** « apporte » ses propres enfants.

Depuis 1999, il existe en France une ***alternative** au mariage et à l'union libre : le **PACS (pacte civil de solidarité)** est un **contrat conclu** entre deux personnes **célibataires**, **de sexe opposé** ou **de même sexe**, pour organiser leur vie **commune**. Il institue entre les **signataires** des règles de ***solidarité** et d'**aide matérielle**, et leur donne des droits en matière d'impôts et d'**héritage**. La loi sur le PACS reflète l'évolution des **mœurs** et s'oppose à la **discrimination** dont ont été **victimes**, dans

un poste	Arbeitsplatz ➜ ⚠ *la poste; Post*
rétablir	(wieder)herstellen
la parité	Gleichwertigkeit, Gleichgewichtigkeit
le partage	(Auf)Teilung ➜ *partager*
les tâches ménagères	Hausarbeit
la compagne/le compagnon	Partnerin/Partner
disponible	verfügbar
une crèche	(Kinder)Krippe
une garderie (d'enfants)	(Kinder)Hort
un jardin d'enfants	Kinderhort, -garten
la journée continue	*hier:* Ganztagsunterricht
faciliter	erleichtern
machiste	macho-
la femme-objet	Frau als Sexualobjekt
la féminité	Weiblichkeit
une valeur	Wert, Bedeutung
l'importance ***f***	Bedeutung, Wichtigkeit
une préoccupation	Sorge, Besorgnis
la vie quotidienne	Alltag
évoluer	sich (weiter)entwickeln
se marier (avec qn)	heiraten ➜ *épouser qn; jmd heiraten*
fiscal,e	steuerlich, Steuer-
le mariage civil	standesamtliche Eheschließung
religieux,-euse	kirchlich, religiös
primordial,e	sehr wichtig, entscheidend
un couple	(Ehe)Paar
l'union ***f*** **libre**	eheähnliche Lebensgemeinschaft
un enfant naturel	uneheliches Kind
monoparental,e	Ein-Eltern-, alleinerziehend
la garde	Sorgerecht
confier qc à qn	anvertrauen
l'autorité ***f*** **parentale**	Sorgerecht, Erziehungsrecht
conjoint,e	zusammen, gemeinsam
une famille recomposée	Patchwork-Familie
un,e conjoint,e	Ehemann, Ehefrau
le PACS	Vertrag über eheähnliches Zusammenleben
conclure un contrat	einen Vertrag (ab)schließen
(un,e) célibataire	Unverheiratete/r, unverheiratet
de sexe opposé	verschiedengeschlechtlich
de même sexe	gleichgeschlechtlich
commun,e	gemeinsam
un,e signataire	Unterzeichner/in ➜ ⚠ *une signature; Unterschrift*
une aide matérielle	materielle(r) Beistand, Hilfe
l' héritage ***m***	Erbe, Erbschaft
les mœurs ***f***	Sitten, Gebräuche
la discrimination	Diskriminierung, Ungleichbehandlung
une victime	Opfer

le passé, ceux qui vivaient hors de la ***norme**, **notamment** les ***homosexuels** ou les **concubins** non mariés.

Parmi les tendances actuelles en matière de vie familiale, on constate une augmentation du nombre de célibataires (surtout chez les hommes), et un net recul de l'âge du mariage et de la première **maternité**.

Le troisième âge

Dans les pays industrialisés, la **dénatalité** et l'augmentation de l'**espérance de vie** ont pour effet un **vieillissement** de la population. Un **déséquilibre** s'installe peu à peu entre « actifs » et « **inactifs** », et le **financement** de la **retraite** devient un réel problème : les **cotisations** aux **assurances-vieillesse** ne suffiront bientôt plus à **verser** leurs **pensions** aux **retraités**.

D'une part, ceux-ci sont de plus en plus jeunes (**abaissement** de l'âge de la retraite, nombreux départs en **préretraite**), d'autre part, ils vivent de plus en plus longtemps, grâce aux **progrès** de la médecine. De plus, refusant l'étiquette de « vieux » (ils préfèrent qu'on les appelle « ***séniors** »), ils s'efforcent d'**entretenir** leur santé : ils **s'alimentent** plus **sainement**, pratiquent une activité physique pour rester en forme et ont un bon **suivi médical**.

Dans ces conditions, la **nécessité** d'une ***réforme** du système de retraite devient une évidence. Ni l'augmentation de l'âge de la retraite, que l'on envisage sérieusement, ni les solutions de **complément** (**retraites par capitalisation**, **épargne-retraite**) ne pourront, à long terme, **venir à bout** des problèmes de financement des retraites. Aux difficultés pour ***financer** les retraites viennent s'ajouter des coûts toujours plus lourds pour la **Sécurité sociale** : avec l'âge, la ***fréquence** et la **gravité** des maladies augmentent, les **séjours en hôpital** sont plus **fréquents** et plus longs. Ce phénomène ne peut que **s'aggraver** dans les années à venir.

Les retraités ont parfois du mal à **s'adapter** à leur nouvelle condition. Ils ont des difficultés à trouver leur place dans une société basée sur le **dynamisme** et la **performance**. En effet, les structures familiales traditionnelles ont **éclaté** et les « grandes familles » réunissant plusieurs générations sous le même toit, et où les **anciens** avaient encore un rôle actif, disparaissent **progressivement**.

notamment	besonders, vor allem ➜ = *particulièrement*
un,e concubin,e	Lebenspartner(in)
la maternité	Mutterschaft
le troisième âge	Rentenalter, Ruhestand
la dénatalité	Geburtenrückgang
l'espérance *f* de vie	Lebenserwartung
le vieillissement	(Über)Alterung
un déséquilibre	Ungleichgewicht
inactif, -ive	nicht erwerbstätig
le financement	Finanzierung
la retraite	Rente, Pension
une cotisation	Beitrag
une assurance-vieillesse	Rentenversicherung
verser	ausbezahlen
une pension	Rente, Pension
un,e retraité,e	Rentner/in
un abaissement	Senkung, Herabsetzung
la préretraite	Vorruhestand
un progrès	Fortschritt
entretenir	erhalten, in Form halten
s'alimenter	sich ernähren ➜ *un aliment; Nahrungsmittel*
sain,e	gesund
le suivi médical	medizinische Betreuung
une nécessité	Notwendigkeit
un complément	Zusatz-, Ergänzung
une retraite par capitalisation	Kapitalrente
l'épargne-retraite *f*	Zusatzrente
venir à bout de	meistern, lösen
la Sécurité sociale	Sozialversicherung
la gravité	Schwere ➜ *grave; schwer*
un séjour en hôpital	Krankenhausaufenthalt
fréquent,e	häufig
s'aggraver	sich verschlimmern
s'adapter à	sich gewöhnen ➜ = *s'habituer à*
le dynamisme	Energie, Tatkraft
une performance	Leistung
éclater	bersten, zerbrechen
les anciens, -iennes	„die Alten"
progressif, -ive	fortschreitend, zunehmend, steigend

Certains donnent un nouveau sens à leur vie en s'engageant dans des activités **bénévoles** qui leur permettent d'avoir des **responsabilités**, de prendre une part active à la vie sociale et de ne pas se sentir **exclus**.

Avec l'âge, cependant, ce sentiment d'**exclusion** devient souvent une réalité. Certes, les **associations** et les **clubs du troisième âge** s'occupent activement des personnes âgées, en leur **procurant** des **aides ménagères** et des **soins à domicile**, ou encore en organisant leurs loisirs. De plus, les personnes **de condition modeste** bénéficient de nombreuses **réductions** et **gratuités**. Mais les « plus de 60 ans » se sentent souvent **abandonnés** par une société qui les **rejette** et laisse aux spécialistes de l'aide sociale et médicale le **soin** de s'occuper d'eux.

Malgré la garantie d'un **minimum-vieillesse**, de nombreux séniors sont dans une situation matérielle **précaire**, et lorsque leur état de santé ne leur permet plus de **mener** une vie **indépendante**, ils n'ont pas d'autre possibilité que d'aller finir leur vie dans une **maison de retraite**. Pour ceux qui bénéficient d'un **pouvoir d'achat** plus élevé, il existe des **résidences du troisième âge**, **médicalisées**, mais elles sont encore trop peu nombreuses.

bénévole	ehrenamtlich
une responsabilité	Verantwortung, Verantwortlichkeit
exclure	ausschließen
l'exclusion *f*	Ausschluss, Ausgrenzung
une association	Verein, Initiative
un club du troisième âge	Seniorenclub
procurer qc à qn	jdm etw. beschaffen
une aide ménagère	Haushaltshilfe
les soins *m* **à domicile**	häusliche Krankenpflege
de condition modeste	in bescheidenen Verhältnissen
une réduction	Ermäßigung → *réduire; verringern*
une gratuité	Gebührenerlass, -freiheit
abandonner	im Stich lassen → *l'abandon m; Verlassen*
rejeter	aus-, verstoßen
le soin	(Für)Sorge
un minimum-vieillesse	Mindestrente
précaire	unsicher, schwierig
mener	führen
indépendant,e	unabhängig
une maison de retraite	Altersheim
le pouvoir d'achat	Kaufkraft
une résidence du troisième âge	Seniorenwohnheim
médicalisé,e	ärztlich betreut

La **santé**

Docteur, est-ce grave?
La ***médecine** a effectué des progrès considérables au cours des dernières **décennies** : l'espérance de vie ne cesse d'augmenter, tandis que le **taux** de **mortalité infantile** diminue. De nombreuses **maladies**, considérées comme **mortelles** il y a deux ou trois générations, sont aujourd'hui **bénignes**. Les **antibiotiques** permettent d'**enrayer** le **mal** rapidement, et d'éviter des **séquelles** éventuelles. Des **vaccins** efficaces existent contre la plupart des maladies **infectieuses**, **transmises** par les **microbes** : les grandes ***épidémies**, qui décimaient la population, ne sont plus une **fatalité**.

A l'heure actuelle l'**abus** d'alcool, de tabac, de **nourritures** riches en **graisse**, joue un grand rôle dans la mortalité : les **troubles cardio-vasculaires** sont la première **cause de décès** dans les pays industrialisés.

Le **cancer** du **poumon**, provoqué principalement par le tabac, fait partie des maladies que l'on ne sait pas **guérir**. En France, une **loi anti-tabac** a été votée pour protéger les **non-fumeurs** dans les lieux publics.

Le **sida** (syndrome immuno-déficitaire acquis) constitue la grande peur de l'époque moderne. Cette maladie est causée par un ***virus** qui détruit le **système immunitaire**. Les **séropositifs**, privés de leurs **défenses** naturelles, **contractent** alors très facilement diverses maladies **contagieuses** et en meurent. Les **chercheurs** tentent de mettre au point un vaccin, mais pour l'instant il n'existe aucun **remède** contre cette maladie, qui se transmet par voie sexuelle ou **sanguine** et **touche** avant tout des personnes jeunes.

Le sida n'est pourtant pas une fatalité : il est possible de s'en protéger, comme le rappellent sans cesse les **campagnes d'information** et de **prévention**. Les nouveaux cas d'***infection** par le ***HIV** sont d'ailleurs en diminution. Les **trithérapies**, qui associent plusieurs médicaments, représentent pour l'instant le **traitement** le plus **efficace**. Si elles ne guérissent pas du sida, elles retardent l'**apparition** de la maladie, ou en **atténuent** les ***symptômes**. Elles ont mené à une baisse très nette du nombre de **décès**.

la santé	Gesundheit
une décennie	Jahrzehnt
le taux	Prozentsatz
la mortalité infantile	Kindersterblichkeit
une maladie	Krankheit ➜ *malade; krank*
mortel,le	tödlich ➜ *la mort; Tod*
bénin, bénigne	harmlos
un antibiotique	Antibiotikum
enrayer	stoppen, eindämmen
un mal	Schmerz, Krankheit, Übel
une séquelle	Folgeerscheinung
un vaccin	Impfstoff
infectieux, -ieuse	ansteckend
transmettre	übertragen
un microbe	Mikrobe
la fatalité	unvermeidbares Schicksal, Geschick
un abus	Missbrauch
la nourriture	Nahrung ➜ *nourrir; ernähren*
la graisse	Fett
un trouble	Störung
cardio-vasculaire	Herz und (Blut)Gefäß-
une cause de décès	Todesursache
le cancer	Krebs
le poumon	Lunge
guérir	heilen ➜ *la guérison*
la loi anti-tabac	Antitabakgesetz
un,e non-fumeur, -euse	Nichtraucher/in
le sida	Aids
le système immunitaire	Immunsystem
un,e séropositif, -ive	HIV-Positive/r
la défense	*hier:* Abwehrkraft
contracter	sich zuziehen, einfangen
contagieux, -ieuse	ansteckend ➜ *la contagion*
un,e chercheur, -euse	Forscher/in
un remède	Medikament, Arznei ➜ = *un médicament*
sanguin,e	Blut- ➜ *le sang; Blut*
toucher	*hier:* betreffen, angehen
une campagne d'information	Aufklärungskampagne
la prévention	Verhütung, Vorbeugung
une trithérapie	Kombitherapie
un traitement	Behandlung
efficace	wirkungsvoll, wirksam
une apparition	Ausbruch, Erscheinung
atténuer	mildern, abschwächen
le décès	Todesfall

Les médecins
Pour les maladies courantes, les Français **consultent** en principe leur **médecin de famille**. C'est un **généraliste**, qui peut adresser ses ***patients** à un **spécialiste** ou les envoyer dans un **hôpital** public ou une **clinique privée**, si la maladie est **grave** ou demande des traitements particuliers.

Nombre de Français se tournent vers les ***médecines** dites ***parallèles** : ils essaient volontiers *l'**homéopathie**, *l'**acupuncture** ou l'**ostéopathie**. Le succès de ces médecines ***alternatives** a plusieurs raisons : d'une part, ce sont des **médecines douces**, sans **effets secondaires indésirables**. D'autre part, les médecins qui les **pratiquent** ont une **approche** plus ***globale** du patient. Ils ne se contentent pas de **traiter** une partie du corps, ils s'intéressent aussi au **psychisme** de leur malade.

Quelques professions médicales :

- Le **chirurgien opère**.
- Le **pédiatre soigne** les enfants.
- L'**ophtalmologiste** (« l'ophtalmo ») est le spécialiste des yeux.
- L'**oto-rhino-laryngologiste** (« l'oto-rhino » ou ORL) est **spécialisé** dans les maladies des oreilles, du nez et de la gorge.
- Le **gynécologue** s'occupe des grossesses, des **accouchements**, et des maladies de la femme.
- Le **dermatologue** traite les problèmes de peau.
- Le ***psychologue** (« psy ») est consulté pour les troubles psychiques.
- Le dentiste soigne les dents.
- Les **infirmières** et **infirmiers** sont chargés des **soins** aux malades, en **milieu hospitalier** ou à domicile.

consulter	um Rat fragen, *hier:* zum Arzt gehen
un médecin de famille	Hausarzt
un généraliste	Arzt für Allgemeinmedizin
un,e spécialiste	*hier:* Facharzt, -ärztin
un hôpital	Krankenhaus
une clinique privée	Privatklinik
grave	schwer(wiegend)
l'ostéopathie *f*	Chiropraktik
une médecine douce	Naturheilkunde, -heilverfahren
un effet secondaire	Nebenwirkung
indésirable	unerwünscht ➜ *désirer, wünschen*
pratiquer	anwenden, ausüben
une approche	*hier:* Sichtweise, Betrachtungsweise
traiter	behandeln
le psychisme	Psyche
un chirurgien	Chirurg
opérer	operieren
un,e pédiatre	Kinderarzt, -ärztin
soigner	versorgen, behandeln
un,e ophtalmologiste	Augenarzt, -ärztin
un,e oto-rhino-laryngologiste	Hals-, Nasen-, Ohrenarzt, -ärztin
se spécialiser dans	sich spezialisieren auf
un,e gynécologue	Frauenarzt, -ärztin
un accouchement	Geburt
un,e dermatologue	Hautarzt, -ärztin
un,e infirmier, –ière	Krankenpfleger, -schwester
les soins *m*	Pflege
en milieu hospitalier	im Krankenhaus

*La **Sécurité sociale***

La Sécurité sociale comprend, entre autres, l'**assurance-maladie**, les **allocations familiales** et la **caisse de retraite**. Elle est financée par les **cotisations versées** par les employeurs et les salariés. Elle est en ***déficit** constant en raison de l'augmentation des **dépenses de santé**. Les causes principales de l'**explosion des coûts** sont le vieillissement de la population, l'**attention croissante** portée à la santé (on va plus souvent chez le médecin, la consommation de médicaments augmente rapidement), et les **appareils** extrêmement chers dont la médecine moderne **fait usage**. Une des solutions pour **maîtriser** les coûts est d'inciter les médecins à **prescrire** moins de médicaments ou à se tourner vers les **médicaments génériques**.

En principe, tous les Français **adhèrent** aujourd'hui à la Sécurité sociale ; pourtant de nombreuses personnes ne bénéficient d'aucune **couverture sociale** (**chômeurs de longue durée**, p. ex.)

Le choix du médecin est libre. Cependant, les **honoraires** de celui-ci sont plus ou moins élevés, et l'assurance maladie ne **rembourse** que la somme fixée par les **conventions**. Comme l'assurance-maladie ne rembourse pas le **montant** total des soins médicaux ou des **ordonnances**, l'**assuré** peut **cotiser** à une **mutuelle** qui **couvre** les frais laissés **à sa charge**. Certains contractent aussi une **assurance complémentaire** (**assurance-dépendance**, pour les personnes âgées, p. ex.).

La **drogue*

On fait habituellement la distinction entre les drogues **douces** (***marihuana**, ***haschisch**) et les drogues **dures**, dont la consommation mène rapidement à un état de **dépendance** physique et psychique. Le principal danger des drogues douces **réside** dans le fait qu'elles constituent parfois un premier pas vers l'utilisation de l'**héroïne**, de la ***cocaïne** ou du ***crack**. Depuis quelques années, l'usage des ***drogues synthétiques**, telles que l'***ecstasy**, s'est rapidement répandu, en particulier en raison de leur prix relativement bas.

La France connaît, comme tous les pays développés, un **accroissement** de la **toxicomanie**. Les tendances actuelles ne portent pas à l'optimisme : les **toxicomanes** sont de plus en plus jeunes et les cas de mort par **overdose** (**surdose**) sont beaucoup trop fréquents.

la Sécurité sociale	Sozialversicherung
l'assurance-maladie *f*	Krankenversicherung
les allocations familiales *f*	Familienbeihilfe, Kindergeld
la caisse de retraite	Renten-, Pensionskasse
une cotisation	(Versicherungs)Beitrag
verser (des cotisations)	(Beiträge) leisten, zahlen
les dépenses *f* de santé	Gesundheitsausgaben
l'explosion *f* des coûts	Kostenexplosion
une attention	Aufmerksamkeit, Beachtung
croissant,e	wachsend, zunehmend ➜ *croître*
un appareil	Apparat, Gerät
faire usage de	verwenden, gebrauchen ➜ = *utiliser*
maîtriser	beherrschen
prescrire	verschreiben ➜ *la prescription*
les médicaments génériques	Generika
adhérer à	eintreten, Mitglied sein
la couverture sociale	soziale Absicherung
un,e chômeur, -euse de longue durée	Langzeitarbeitslose/r
un honoraire	Honorar
rembourser	erstatten ➜ *le remboursement*
une convention	Vereinbarung (zwischen Ärzten und Krankenkassen)
le montant	Betrag, Summe
une ordonnance	Rezept
un,e assuré,e	Versicherte/r
cotiser à qc	Beiträge zu etw. zahlen
une mutuelle	Zusatzversicherung, Ersatzkasse
couvrir	decken
à la charge de	zu Lasten von
une assurance complémentaire	Zusatzversicherung
une assurance-dépendance	Pflegeversicherung
doux, douce	*hier:* sanft
dur,e	hart
la dépendance	Abhängigkeit
résider dans	liegen/bestehen in
l'héroïne *f*	Heroin ➜ ⚠ *l'héroïne; Heldin*
un accroissement	Zunahme
la toxicomanie	Drogenabhängigkeit
un,e toxicomane	Drogenabhängige/r
une overdose (une surdose)	Überdosis

Le phénomène de la drogue ne se limite plus aux grandes **cités** et aux banlieues : les campagnes, à leur tour, sont touchées par ce **fléau**. Le commerce des **stupéfiants s'amplifie**, le nombre des ***dealers** augmente. La ***criminalité** liée à la drogue est en progression. Pour se payer leurs **doses**, les **drogués** sont prêts à tout : prostitution, vol, meurtre. Le sida se **propage** rapidement parmi la population toxicomane, à cause des **seringues** utilisées par plusieurs personnes.

Il est très difficile de trouver des solutions au problème de la drogue. Les efforts doivent s'orienter dans plusieurs directions :

– La **prévention** : une information **approfondie** auprès des jeunes, mais aussi des parents, est nécessaire, ainsi qu'un ***dialogue** ouvert **au sein** des familles et dans le **cadre** scolaire. Il est également important de s'attaquer aux **causes** du mal : chômage, **solitude** ou manque de perspectives, par exemple.

– La collaboration **étroite** entre les pays **producteurs** et les pays **consommateurs** : il faut détruire les **plantations** et les **laboratoires clandestins** et proposer une alternative aux paysans producteurs de drogues.

  D'autre part, il faudrait créer un organisme international capable d'exercer un contrôle sur l'argent gagné par la ***mafia** de la drogue, pour que celle-ci ne puisse pas le **blanchir** si facilement.

– La **répression** : elle devrait être plus dure envers les **trafiquants**, ce qui suppose des **effectifs** et des moyens d'action plus importants pour la **brigade des « stups »**.

– La **désintoxication** et la **réinsertion** : il y a trop peu de places dans les centres de désintoxication, trop peu d'**assistants sociaux** pour soutenir les toxicomanes qui veulent vraiment **décrocher**. Certains réfléchissent à des voies ***alternatives** à la **prohibition**. Ils proposent de **dépénaliser** les drogues douces et de les classer dans la catégorie des drogues **licites** (au même titre que le tabac, l'alcool, les **tranquillisants**) ou de **légaliser** et même de **distribuer** les **drogues de substitution** pour aider les drogués à ne pas **souffrir** du **manque**, et à pouvoir retrouver du travail. Cependant, cette solution, qui n'en est encore qu'au **stade expérimental**, est très **controversée**. Ses **détracteurs** lui reprochent de ne pas libérer les toxicomanes de leur besoin de drogue. Depuis quelques années, ceux qui acceptent de **se soumettre** à une **cure** de désintoxication ne sont plus **sanctionnés** par la loi.

une cité	Großstadt
un fléau	Geißel
les stupéfiants ***m***	Rauschgift
s'amplifier	sich erweitern
la dose	Dosis
un,e drogué,e	Drogensüchtige/r
se propager	sich verbreiten
une seringue	Spritze
la prévention	Vorbeugung, Vorsorge
approfondi,e	vertieft, genau
au sein de	innerhalb von
le cadre	Rahmen
une cause	*hier:* Ursache
la solitude	Einsamkeit ➜ *seul,e*
étroit,e	eng
producteur, -trice	Erzeuger- ➜ *produire*
consommateur, -trice	Verbraucher-
une plantation	(An)Pflanzung
un laboratoire	Labor, Laboratorium
clandestin,e	geheim ➜ *la clandestinité; Untergrund*
blanchir (de l'argent)	(Geld) waschen
la répression	Verfolgung, Bestrafung
un trafiquant	Händler, Dealer ➜ = *un dealer*
les effectifs ***m***	Personalbestand
la brigade des « stups » (stupéfiants)	Rauschgiftdezernat
la désintoxication	Entziehung
la réinsertion	Resozialisierung
un,e assistant,e social,e	Sozialhelfer/in
décrocher	*hier:* aussteigen
la prohibition	Verbot
dépénaliser	entkriminalisieren
licite	legal, gesetzlich erlaubt ➜ ≠ *illicite*
un tranquillisant	Beruhigungsmittel
légaliser	gesetzlich zulassen, legalisieren
distribuer	verteilen ➜ *la distribution*
une drogue de substitution	Ersatzdroge
souffrir de	leiden an/unter
le manque	Entzugserscheinungen
le stade expérimental	Experimentierstadium
controversé,e	umstritten
un détracteur	(entschiedener) Kritiker
se soumettre à	sich unterwerfen, unterziehen
une cure	Kur
sanctionner	bestrafen, gesetzlich verfolgen

Le quart-monde

L'image du **clochard** parisien libre et heureux fait partie des clichés touristiques habituels. La réalité est moins idyllique : la vie des **sans-abri** est dure, surtout en hiver, et chaque année, des gens **meurent de froid** dans la rue. Les « **nouveaux pauvres** », de plus en plus nombreux, ne sont pas forcément des personnes sans **liens sociaux**, **en marge** de la société. Dans la plupart des cas, ils vivent au-dessous du **seuil de pauvreté** : ce sont des chômeurs de longue durée qui ne touchent plus d'**allocations**, des **SDF dépourvus** de **protection sociale** et de **ressources**, mais aussi des jeunes qui ne trouvent pas de travail régulier et font des travaux **saisonniers** ou **précaires**.

Même ceux qui ont un emploi ne sont pas toujours **à l'abri** de la pauvreté. Dans notre société tournée vers la **réussite sociale**, beaucoup cachent leur **misère** pour ne pas se voir **exclus**. Leurs efforts pour sortir de cette **impasse** sont souvent **vains**. Pour leur **venir en aide**, l'Etat a instauré le **Revenu Minimum d'Insertion (RMI)**. L'**aide sociale légale** est destinée à ceux qui n'ont pas droit aux différentes allocations versées par la Sécurité sociale. Elle comprend p. ex. une **allocation de logement**.

Il existe des **fondations** et des **organisations humanitaires** basées en grande partie sur le travail de **bénévoles** (p. ex. l'**Armée du Salut**, le Secours populaire, le Secours catholique) ; elles **font appel** à la **générosité** et la ***solidarité** de la population et sont financées par des **dons** privés. Leur **objectif** est d'aider les plus **démunis** dans leur vie quotidienne tout en respectant leur **dignité**. Dans les « Restaurants du cœur », créés en 1985 par le comédien Coluche, les plus pauvres peuvent, pendant tout l'hiver, prendre un **repas** chaud par jour. Après la mort de Coluche, les « restos » ont poursuivi leur action. Leur succès prouve, malheureusement, qu'il y a trop de **miséreux** en France.

le quart-monde	die Vierte Welt, Bedürftige
un,e clochard,e	Clochard, Penner/in
un sans-abri	Obdachloser
mourir de froid	erfrieren
un nouveau pauvre	Neuer Armer (aufgrund der Wirtschaftskrise)
les liens sociaux ***m***	soziale Bindungen
en marge ***f*** **de qc**	am Rande, außerhalb von ➜ ≠ *au milieu de*
le seuil de pauvreté	Armutsgrenze
une allocation	Unterstützung, Beihilfe
un SDF (sans domicile ***m*** **fixe)**	Person ohne festen Wohnsitz
dépourvu,e de	ohne; mittellos
la protection sociale	soziale Absicherung
les ressources ***f***	(finanzielle) Mittel
saisonnier, –ière	saisonal; Saison-
précaire	*hier:* unsicher
être à l'abri ***m*** **de qc**	vor etwas geschützt sein
la réussite sociale	gesellschaftlicher Erfolg
la misère	Elend, Not
exclu,e	ausgeschlossen, ausgegrenzt ➜ ≠ *inclus,e*
une impasse	Sackgasse; *hier:* ausweglose Lage
vain,e	erfolglos, umsonst
venir en aide ***f*** **à qn**	jdm zu Hilfe kommen
le Revenu Minimum d'Insertion	*etwa:* Sozialhilfe
l'aide ***f*** **sociale légale**	gesetzliche Sozialhilfe
l'allocation ***f*** **de logement**	Wohnungsbeihilfe, Mietzuschuss
une fondation	Stiftung
une organisation humanitaire	Wohltätigkeitsverein, -organisation
un,e bénévole	ehrenamtliche/r, freiwillige/r Helfer/in
l'Armée ***f*** **du Salut**	Heilsarmee
faire appel ***m*** **à qc/qn**	an etw./jdn appellieren
la générosité	Großzügigkeit, Freigiebigkeit ➜ *généreux, -se*
un don	Spende, Gabe
un objectif	Ziel, Absicht
démuni,e	bedürftig
la dignité	Würde ➜ *digne*
un repas	Mahlzeit
miséreux, -euse	notleidend, arm

L'immigration

Comme la plupart des pays industrialisés et démocratiques, la France **attire** sur son sol de nombreux **étrangers**, **persécutés** dans leur patrie pour leurs **opinions** politiques ou quittant leur pays pour des **raisons** économiques.

Environ quatre millions d'étrangers vivent en France. Parmi les plus importantes **communautés** : Portugais, Algériens, **Marocains**, Espagnols et **Tunisiens**.

Les principales **vagues d'immigration** ont eu lieu après les deux guerres mondiales, en ce qui concerne les **immigrants** européens (périodes de **reconstruction** et de **développement** économique, où le pays avait besoin de **main-d'œuvre**), et après l'**indépendance** des colonies. De nombreux **Maghrébins** ont alors choisi de **s'expatrier**. Depuis 1974, la France ne permet plus l'immigration en **provenance** des pays du **Tiers-Monde**, sauf pour cause de **regroupement familial**.

Aujourd'hui, officiellement, le nombre d'étrangers reste stable. Mais l'immigration clandestine, impossible à **évaluer** précisément, représente un problème sérieux. Elle concerne surtout les **Africains**, qui passent ***illégalement** la frontière et vivent en France sans **permis de séjour** ni **permis de travail**. Ils **travaillent au noir**, sans aucune couverture sociale, habitent dans des **taudis** et risquent d'être **expulsés**.

Parmi les Français, les avis sont **partagés** au sujet de la **régularisation** des **sans-papiers**. Certains pensent que la France, **terre d'asile** traditionnelle, a le devoir d'**accueillir** les immigrés, même s'ils sont entrés dans le pays de façon ***illégale**. D'autres, par contre, sont d'avis qu'en donnant des papiers à tous ceux qui sont en **situation irrégulière**, on **renforce** l'immigration **sauvage**, puisqu'on encourage les étrangers à tenter d'entrer en France sans **autorisation**.

La France voit aussi arriver sur son sol de nombreux **réfugiés**, forcés de quitter leur pays par des régimes totalitaires ou des **guerres civiles**. Ils demandent généralement l'**asile politique**. Le **droit d'asile** est plus **restrictif** en France qu'en Allemagne : les **demandeurs d'asile** sont plus facilement **renvoyés**, et leurs **dossiers** sont **traités** plus rapidement.

l'immigration *f*	Einwanderung ➜ *l'émigration*
attirer	anziehen, anlocken
un,e étranger, –ère	Fremde/r, Ausländer/in
persécuter	verfolgen ➜ *la persécution*
une opinion	Meinung
une raison	Grund, Ursache ➜ = *la cause*
une communauté	Gemeinschaft, Nationalitätengruppe
un,e Marocain,e	Marokkaner/in
un,e Tunisien,ne	Tunesier/in
une vague d'immigration	Einwanderungswelle
un,e immigrant,e	Einwanderer/in ➜ ≠ *un,e émigrant,e*
la reconstruction	Wiederaufbau
le développement	Entwicklung
la main-d'œuvre	Arbeitskräfte
l'indépendance *f*	Unabhängigkeit
un,e Maghrébin,e	Nordafrikaner/in (Tunesier/in, Algerier/in, Marokkaner/in)
s'expatrier	auswandern
la provenance	Herkunft
le Tiers-Monde	Dritte Welt
le regroupement familial	Familienzusammenführung
évaluer	ein-, abschätzen
un,e Africain,e	(Schwarz)Afrikaner/in
le permis de séjour	Aufenthaltserlaubnis
le permis de travail	Arbeitserlaubnis
travailler au noir	schwarz arbeiten
un taudis	Elendsquartier
expulser	ausweisen ➜ *l'expulsion f*
partagé,e	geteilt, unterschiedlich
la régularisation	Regelung, Legalisierung
un sans-papiers	ein Illegaler (ohne Ausweispapiere)
une terre d'asile	Asylland
accueillir	aufnehmen, empfangen ➜ *l'accueil m*
une situation irrégulière	irreguläre Verhältnisse
renforcer	verstärken, intensivieren ➜ *fort,e*
sauvage	wild, *hier:* illegal
une autorisation	Erlaubnis, Genehmigung
un réfugié	Flüchtling
une guerre civile	Bürgerkrieg
l'asile *m* politique	politisches Asyl
le droit d'asile	Asylrecht
restrictif, –ive	einschränkend, restriktiv
un demandeur d'asile	Asylbewerber
renvoyer qn	jdn abschieben
un dossier	Akte, Fall
traiter (un dossier)	(einen Fall) bearbeiten

La vie des immigrés en France
Une grande majorité des **travailleurs immigrés** ont des emplois manuels, peu qualifiés, **pénibles** et mal payés. A travail égal, leur salaire est **en moyenne inférieur** de 10 % à celui des Français. Beaucoup d'entre eux travaillent dans l'**automobile**, les **travaux publics**, le **bâtiment**, l'**hôtellerie** et la **restauration**. Ils vivent généralement dans les grandes villes, où il y a plus de travail, souvent dans les **grands ensembles** des **quartiers périphériques**, qui finissent par constituer des sortes de *__ghettos__. Dans ces conditions, la **promotion** sociale se révèle difficile. Les **obstacles** sont nombreux : mauvaise qualité de l'enseignement dans les quartiers pauvres, formation **insuffisante** pour trouver un emploi. Les jeunes ont besoin d'une réelle **volonté de réussir** et d'un peu de chance pour **s'en sortir**.

Immigration et ***racisme***
Les Français acceptent assez bien les **immigrés** européens. Par contre, ceux qui viennent des pays arabes ou d'**Afrique noire** sont **rejetés** par une grande partie de la population : **couleur de peau**, langue, culture, religion, **coutumes**, autant de différences qui rendent leur **intégration** difficile.

Ceux qui **souffrent** le plus de ce **rejet** sont les étrangers de la deuxième génération, surtout les **beurs** (environ un million de personnes) : nés en France de parents maghrébins, ils ont la *__nationalité__ française, et souvent aussi celle de leurs parents, mais ne sont vraiment chez eux ni dans le **pays d'origine** de leurs parents, où ils n'ont jamais vécu, ni en France où ils sont **victimes** du racisme. Ils se sentent **déracinés** et ont du mal à **résoudre** leurs problèmes d'*__identité__. Ils souhaitent être reconnus comme **citoyens** français, mais sans pourtant devoir renoncer à leur différence.

un travailleur immigré	Gastarbeiter
pénible	anstrengend, beschwerlich
en moyenne	im Durchschnitt
inférieur,e	niedriger, geringer ➜ ≠ *supérieur,e*
l'automobile *f*	Automobilindustrie
les travaux publics	Straßenbau
le bâtiment	*hier:* Baugewerbe ➜ *bâtir; bauen*
l'hôtellerie *f* et la restauration	Hotel-und Gaststättengewerbe
un grand ensemble	Wohnblock
un quartier périphérique	Stadtrandviertel
la promotion	Aufstieg
un obstacle	Hindernis
insuffisant,e	ungenügend
la volonté de réussir	Erfolgswille
s'en sortir	mit etw. fertigwerden, (gut) davonkommen
le racisme	Rassismus
un,e immigré,e	Einwanderer
l'Afrique *f* noire	Schwarzafrika
rejeter	ablehnen, zurückweisen
la couleur de peau	Hautfarbe
une coutume	Sitte, Brauch
l'intégration *f*	Eingliederung, Integration
souffrir de	leiden an ➜ *la souffrance, Leiden*
le rejet	Ablehnung
un beur	in Frankreich geborenes Kind maghrebinischer Einwanderer
le pays d'origine	Ursprungs-, Herkunftsland
une victime	Opfer
déraciné,e	entwurzelt
résoudre	lösen
un,e citoyen,ne	(Staats)Bürger/in ➜ ⚠ *un,e bourgeois,e; Bürgerliche/r, Bourgeois*

Le racisme et la **xénophobie** se renforcent lorsque le pays traverse une **crise économique**, et dans les villes où le **pourcentage** d'étrangers est très **important**. Le Front National, parti politique d'extrême droite ***nationaliste**, **s'appuie** sur le racisme des Français pour gagner des voix. Son programme politique est simple : « les immigrés dehors, la France aux Français ». Selon lui, le chômage, la **délinquance**, la **crise du logement**, n'existeraient pas sans les étrangers. Il considère leur présence comme une **menace** pour l'identité française, et **prétend** qu'il faut les **refouler** tous aux frontières, sinon, la France ne sera plus française dans trente ans.

Même si tout le monde ne porte pas un jugement aussi ***radical** que le Front national sur les immigrés, l'**opinion publique** leur est souvent **défavorable** : on leur **reproche** fréquemment de ne pas vouloir s'adapter au mode de vie ni aux valeurs de leur **pays d'accueil**. Mais on oublie trop souvent que la baisse de la natalité et le vieillissement de la population française causent un ***déficit** de main-d'œuvre et rendent nécessaire la **présence** des immigrés en France.

A l'opposé, des mouvements ***antiracistes**, comme S.O.S. Racisme ou France Plus, luttent contre l'**exclusion** et contre la **haine** envers les étrangers. Ils pensent qu'il faut responsabiliser les immigrés, p. ex. en leur **accordant** la **double nationalité** ou le **droit de vote** sur un plan local, et maîtriser l'immigration illégale pour que les immigrés en **situation régulière** ne soient plus **brimés**. Ils insistent sur les avantages d'une société **multiraciale** et ***multiculturelle** : p. ex. la vitalité, la jeunesse et la diversité.

Etre ou devenir Français
Un enfant dont l'un des parents au moins est français a automatiquement la nationalité française (**droit du sang**). Depuis 1998, une loi permet aux enfants nés en France de parents étrangers d'**acquérir** plus facilement la nationalité française : tout enfant né en France et ayant **résidé** dans ce pays pendant au moins 5 ans entre l'âge de 11 ans et celui de 18 ans peut devenir Français **de plein droit**. La nationalité française peut aussi être demandée par l'enfant lui-même à partir de l'âge de 16 ans, ou même par ses parents, mais avec son **accord**, dès l'âge de 13 ans. Cependant, l'**acquisition** de la nationalité française n'est pas automatique : les jeunes doivent **faire une demande** administrative pour obtenir le **certificat** de nationalité.

Pour l'étranger ou celle qui **se marie** avec un Français ou une Française, la **naturalisation** est possible après un an, au lieu de six mois comme c'était le cas jusqu'à présent.

la xénophobie	Fremdenfeindlichkeit → *(un,e) xénophobe; ausländerfeindlich, Ausländerfeind*
une crise économique	Wirtschaftskrise
le pourcentage	Prozentsatz
important,e	wichtig; *hier:* zahlenmäßig stark
s'appuyer sur	sich stützen auf
la délinquance	Kriminalität, Straffälligkeit
la crise du logement	Wohnungskrise
une menace	Bedrohung, Drohung → *menacer*
prétendre	behaupten
refouler	zurück-, abweisen
l'opinion *f* publique	öffentliche Meinung
défavorable	ablehnend (gesinnt)
reprocher qc à qn	vorwerfen
un pays d'accueil	Aufnahmeland
la présence	Anwesenheit → *présent,e*
l'exclusion *f*	Ausschluss, Ausgrenzung → *exclure*
la haine	Hass → *haïr qn*
accorder qc à qn	jdm etw. zugestehen
la double nationalité	doppelte Staatsangehörigkeit
le droit de vote	Wahlrecht
une situation régulière	rechtlich geregelte, legale Verhältnisse
brimer	schikanieren
multiracial,e	gemischtrassig
le droit du sang	Abstammungsrecht
acquérir	erwerben, erlangen
résider	seinen ständigen Wohnsitz haben
de plein droit	ohne weiteres, rechtmäßig
un accord	Zustimmung, Einverständnis
l'acquisition *f*	Erwerb
faire une demande	einen Antrag stellen
un certificat	Nachweis, Bescheinigung
se marier avec qn	jdn heiraten
la naturalisation	Einbürgerung

a) Complétez les phrases suivantes par les mots ci-dessous. (voir pages 100 à 125)

adeptes – bricolage – cadres supérieurs – citadins – se détendre – dispensé – faire des études – hauts fonctionnaires – hebdomadaire – nouvelles locales – obligatoire – passent le bac – réclament – tirage

1. En France, l'école est ______________________ entre 6 et 16 ans.
2. A la fin de la terminale, les élèves ______________________.
3. Le baccalauréat permet de ______________________ à la fac.
4. Professeurs et parents ______________________ une réforme de l'enseignement.
5. L'enseignement supérieur est ______________________ à l'université et dans les Grandes Ecoles.
6. Les Grandes Ecoles forment les futurs ______________________ et ______________________.
7. Les sports de glisse ont de nombreux ______________________ parmi les jeunes.
8. Le ______________________ permet de faire quelque chose d'utile de ses mains.
9. Pendant le week-end, beaucoup de ______________________ vont ______________________ à la campagne.
10. La presse régionale donne surtout des ______________________.
11. Un ______________________ paraît une fois par semaine.
12. Ce sont les magazines de télé qui ont le ______________________ le plus élevé.

b) Trouvez les expressions qui conviennent.
(voir pages 126 à 157)

1. Les protestants vont au temple écouter
   - ❑ le curé.
   - ❑ le pasteur.
   - ❑ le prêtre.

2. Cinquante jours après Pâques, les chrétiens célèbrent
   - ❑ la Pentecôte.
   - ❑ la Toussaint.
   - ❑ l'Ascension.

3. Depuis 1944, les femmes françaises
   - ❑ ont accès à la contraception.
   - ❑ peuvent divorcer.
   - ❑ ont le droit de vote.

4. « A travail égal, salaire égal » : cela correspond à la réalité
   - ❑ pour les fonctionnaires.
   - ❑ pour les cadres.
   - ❑ pour les retraités.

5. Contre certaines maladies infectieuses, il existe
   - ❑ des vaccins.
   - ❑ des microbes.
   - ❑ des trithérapies.

6. Le médecin spécialiste des yeux est
   - ❑ le dermatologue.
   - ❑ l'ophtalmologiste.
   - ❑ l'oto-rhino-laryngologiste (ORL).

7. Quand un enfant est malade, on l'emmène chez
   - ❑ le gynécologue.
   - ❑ l'infirmier.
   - ❑ le pédiatre.

8. Un beur est
   - ❑ un travailleur immigré.
   - ❑ un étranger en situation irrégulière.
   - ❑ un Arabe né en France.

9. Un xénophobe, c'est quelqu'un qui
   - ❑ a fait une cure de désintoxication.
   - ❑ n'aime pas les étrangers.
   - ❑ lutte contre le racisme.

10. Une femme qui vit sans conjoint est
    - ❑ une concubine.
    - ❑ une inactive.
    - ❑ une célibataire.

Culture

La littérature

La littérature est l'**art** du **langage**. Les **œuvres *littéraires** sont aussi diverses que les **écrivains** : elles peuvent **divertir**, faire réfléchir ou **rêver**, **transmettre** des idées ou des **émotions**.

Alors que la ***prose** reste proche du **mode d'expression** habituel, les œuvres en ***vers** sont liées à des ***règles** concernant, p. ex., la **mesure** et la **rime**.

La **production littéraire** peut se diviser en trois **genres** : ***dramatique**, **narratif** et **poétique**.

Le genre dramatique
Il présente, sous une forme **théâtrale**, une **intrigue** qui **se développe** entre différents **personnages**.

Le XVIIe siècle représente le **sommet** de l'art dramatique français : le **classicisme**, fondé sur l'imitation des **Anciens**, trouve le plus souvent ses **sujets** dans la ***mythologie** grecque et l'histoire romaine. L'**objectif** du théâtre ***classique** est d'**instruire**, mais aussi de plaire. Le ***style** doit être élégant, l'**action vraisemblable** et les **convenances** (la « **bienséance** ») respectées. La règle des **trois unités** (une action unique, développée en un seul **lieu** et un seul jour), qui dicte la **composition**, sera **abandonnée** par la suite au nom de la **liberté artistique** et de la **vérité**.

Le but de la ***tragédie** est d'**émouvoir**, de provoquer la **terreur** et la **pitié** du **spectateur**. Elle **porte à la scène** des personnages **illustres**, confrontés à un **destin *tragique**. Leur **sort** (la mort, en général) n'est pourtant pas **arbitraire**, mais lié à une faute grave qu'ils ont commise ou à un défaut de caractère.

un art	Kunst → *un artiste; Künstler*
le langage	Sprache → *= la langue*
une œuvre	Werk
un écrivain	Schriftsteller → *écrire*
divertir	unterhalten, zerstreuen → *un divertissement*
rêver	träumen → *un rêve*
transmettre	weitergeben, übermitteln
une émotion	Gemütsbewegung
un mode d'expression	Ausdrucksweise
la mesure	Versmaß
la rime	Reim
la production littéraire	literarisches Schaffen
un genre	Gattung
narratif, -ive	erzählend → *un narrateur*
poétique	poetisch, lyrisch
théâtral,e	bühnengerecht; das Theater betreffend
une intrigue	Handlung
se développer	sich entwickeln → *le développement*
un personnage	Person, Figur
le sommet	Höhepunkt, Gipfel
le classicisme	Klassik → *classique; klassisch*
les Anciens *m*	die Alten, *hier:* Griechen und Römer
un sujet	Thema, Gegenstand
un objectif	Ziel → *= un but*
instruire	belehren
une action	Handlung → *agir*
vraisemblable	wahrscheinlich
la convenance	Anstand, Konvention
la bienséance	Schicklichkeit
les trois unités *f*	drei Einheiten
un lieu	Ort
la composition	*hier:* Aufbau, Gliederung
abandonner	aufgeben → *un abandon*
la liberté artistique	künstlerische Freiheit
la vérité	Wahrheit
émouvoir	erschüttern
la terreur	Furcht, Schrecken
la pitié	Mitleid → ***E** pity*
un,e spectateur, -trice	Zuschauer/in
porter à la scène	auf die Bühne bringen; inszenieren
illustre	berühmt, erlaucht
le destin	Schicksal → ***E** destiny*
le sort	Schicksal, Los
arbitraire	willkürlich → ***E** arbitrary*

Les ***conflits** sont développés en plusieurs phases, correspondant aux différents **actes** : **exposition** (présentation de l'histoire et des **protagonistes**), **nœud**, **péripétie**, **retardement**, **dénouement**. Les tragédies classiques sont écrites en vers, le plus souvent en **alexandrins**.

Les ***monologues** révèlent les sentiments des personnages et les **motifs** de leurs **actes**, les ***dialogues** font avancer l'intrigue. Il y a peu d'action ***scénique**.

Dans les tragédies de Racine, la **passion**, plus forte que la **raison**, finit par être **fatale**. Chez Corneille, au contraire, les **héros** et les **héroïnes** obéissent à leur **sens du devoir**.

Molière (1622–1673)

Contrairement à la tragédie, la ***comédie** a une **issue** heureuse. Elle fait appel aux différentes formes de comique (**comique de gestes**, **de mots** ou **de situation**). Pour **dévoiler** les côtés **ridicules** des hommes, elle **a recours à** l'***ironie** et à la ***parodie**, ainsi qu'aux **mots d'esprit**.

Les personnages, d'un rang social **inférieur** à celui des héros tragiques, sont **simplifiés**, leurs ***réactions exagérées** et **dominées** par un seul **trait de caractère**. L'**étude psychologique** reste pourtant plus nuancée que dans les **farces**.

Dans ses **comédies de caractère**, Molière porte un œil critique sur la **vie mondaine** et les **mœurs** de la société de son temps. Il fait l'**éloge** du **bon sens**, **se moque** des **défauts** humains (**avarice**, **hypocrisie**, **jalousie**) et **met en garde** contre les dangers qu'ils représentent pour la société. Les personnages ridicules sont souvent pardonnés à la fin de la **pièce** après s'être corrigés de leur défauts.

un acte	Akt
l'exposition *f*	Exposition, Einführung
un protagoniste	(Haupt)Person, Protagonist
le nœud	Knoten, Verwicklung
la péripétie [peʀipesi]	Peripetie, Wendung
le retardement	Verzögerung
le dénouement	Lösung (des Knotens)
un alexandrin	Alexandriner, Zwölfsilber
un motif	Motiv, Beweggrund
un acte	*hier:* Handlung, Tat
la passion	Leidenschaft
la raison	Vernunft
fatal,e	schicksalhaft, verhängnisvoll
un héros/une héroïne	Held, Heldin ➜ ⚠ *l'héroïne f; Heroin*
le sens du devoir	Pflichtgefühl, -bewusstsein
une issue	Ausgang
le comique de gestes	Handlungskomik
le comique de mots	Wortkomik
le comique de situation	Situationskomik
dévoiler	enthüllen, offen legen
ridicule	lächerlich ➜ *rire*
avoir recours à	zurückgreifen auf
un mot d'esprit	geistreiche Bemerkung
inférieur,e	niedriger ➜ ≠ *supérieur,e*
simplifier	vereinfachen
exagérer	übertreiben ➜ *l'exagération f*
dominer	beherrschen, vorherrschen
un trait de caractère	Charakterzug
une étude psychologique	psychologische Studie
une farce	Farce, Schwank
une comédie de caractère	Charakterkomödie
la vie mondaine	gesellschaftliches Leben
les mœurs *f*	Sitten
un éloge	Lob(rede)
le bon sens	gesunder Menschenverstand
se moquer de	sich lustig machen über
un défaut	(Charakter)Fehler, Untugend
l'avarice *f*	Geiz ➜ *avare*
l'hypocrisie *f*	Heuchelei ➜ *hypocrite*
la jalousie	Eifersucht ➜ *jaloux, -se*
mettre en garde contre	warnen vor
une pièce (de théâtre)	Theaterstück

Le **drame**, forme très appréciée des **romantiques**, refuse les règles établies et **mélange** des éléments tragiques, comiques et ***mélodramatiques** pour refléter la **complexité** humaine. Les personnages y sont **représentés** de façon plus ***réaliste** ; les conflits, **extériorisés**, deviennent **visibles** sur scène. Le milieu social et la **couleur locale** prennent de l'importance.

L'***existentialisme se manifeste** au théâtre par la **mise en scène** de l'**angoisse** résultant de la **liberté** absolue : d'après les ***existentialistes**, l'homme, à sa naissance, est tout à fait libre ; il est seul responsable de ses actes et ne peut trouver d'orientation dans une morale **toute faite**. Dans une **situation extrême** (sujet fréquent du théâtre de Sartre et de Camus), l'obligation de choisir est à la fois **source** de solitude et chance de vivre en pleine liberté et responsabilité.

Les auteurs et **metteurs en scène *surréalistes** ont cherché à **renouveler** le théâtre non seulement au niveau du **contenu** mais aussi en ce qui concerne la forme. Le **théâtre de l'absurde** a repris leurs **expériences** formelles pour représenter un monde **dénué** de sens : l'action de ces pièces de théâtre est souvent sans logique **apparente**, les personnages sont ***grotesques** et sans cohérence, le langage ne sert plus à communiquer, il ne peut donc pas y avoir d'**échanges** entre les personnages. Ce n'est pourtant pas un jeu **gratuit**, car le « nouveau théâtre » veut montrer l'**aliénation** humaine.

Le genre narratif

Le ***roman** est un **récit** plus ou moins long, racontant le plus souvent des **aventures fictives**, vécues par des personnages **imaginaires**. L'***évolution** de l'action peut être **linéaire** et **chronologique**, ou bien interrompue par des **retours en arrière**, des **digressions** ou des **actions secondaires**.

A travers un univers fictif, l'auteur présente sa **vision du monde** ou son ***interprétation** de la nature humaine. Dans le roman réaliste et ***naturaliste**, la recherche de l'**objectivité** et de l'**exactitude** des détails vient en première place. Le héros **romanesque** est pourtant rarement la **reproduction** exacte d'un personnage réel, et la ***réalité** est **adaptée** aux besoins de l'action et aux **thèses** que le **romancier** veut **soutenir**.

Les **représentants** du Nouveau roman considèrent que les formes traditionnelles sont **dépassées**. Leur recherche a donc pour but de renouveler les structures et les **techniques** usées en jouant avec la tradition. D'après eux, le roman est basé uniquement sur la langue et sur l'**imagination** de l'**auteur**.

un drame	Drama
un,e romantique	Romantiker/in
mélanger	(ver)mischen, vermengen ➜ *un mélange*
la complexité	Vielseitigkeit, Gegensätzlichkeit
représenter	darstellen
extérioriser	nach außen tragen, äußern
visible	sichtbar ➜ ≠ *invisible*
la couleur locale	Lokalkolorit, Pittoreskes
se manifester	sich zeigen, sichtbar werden
la mise en scène	Inszenierung
l'angoisse *f*	Angst, Beklemmung ➜ = *la peur, la crainte, l'anxiété f*
la liberté	Freiheit ➜ *libre*
tout,e fait,e	vorgefertigt
une situation extrême	schwierige Situation, Grenzsituation
une source	Quelle, *hier:* Ausgangspunkt
un metteur en scène	Regisseur
renouveler	erneuern
le contenu	Inhalt
le théâtre de l'absurde	absurdes Theater
une expérience	Experiment ➜ ☹ *Experimentieren; l'expérimentation*
dénué,e de	frei von, ohne, -los
apparent,e	offensichtlich
un échange	(Gedanken)Austausch
gratuit,e	*hier:* unbegründet, willkürlich
l'aliénation *f*	Entfremdung
un récit	Erzählung
une aventure	Abenteuer, Ereignis
fictif, –ive	fiktiv, erfunden
imaginaire	erdacht, erdichtet
linéaire	geradlinig, linear
chronologique	chronologisch, in zeitlicher Abfolge
un retour en arrière	Rückblende
une digression	Abschweifung
une action secondaire	Nebenhandlung
une vision du monde	Weltsicht, Weltanschauung
l'objectivité *f*	Objektivität, Sachlichkeit
l'exactitude *f*	Genauigkeit
romanesque	den Roman betreffend
une reproduction	Abbildung, Wiedergabe
adapter qc à qc/qn	anpassen
une thèse	These, Behauptung
un,e romancier, –ière	Romanschriftsteller/in
soutenir	stützen, verfechten ➜ *le soutien*
un,e représentant,e	Vertreter
dépassé,e	überholt, veraltet ➜ = *démodé,e*
une technique	(Schreib)Technik
l'imagination *f*	Vorstellung, Vorstellungskraft
un auteur	Autor, Schriftsteller

L'action et le **suspense** dominent dans les **romans policiers** et dans les **romans de cape et d'épée**. Les romans ***biographiques** ou ***autobiographiques**, où le **narrateur** évoque l'évolution d'un personnage, laissent une plus grande place à l'analyse psychologique. Le **roman historique** décrit la société à une époque précise. Le **roman-fleuve**, dont l'action est très **étendue** dans le temps, constitue souvent une large **fresque**, grâce à plusieurs intrigues **simultanées**. Le roman de ***science-fiction mêle** l'**imaginaire** romanesque et les **inventions** scientifiques.

La **nouvelle** est un récit **condensé**, généralement **bâti** autour d'un seul **événement** dont l'auteur **étudie** les **répercussions**. Elle cherche à donner une impression de vie réelle, d'**authenticité** ; c'est un genre dominant à l'époque du ***réalisme** et du ***naturalisme** (p. ex. Maupassant).

La nouvelle n'étudie pas le **personnage principal** de façon complète, mais sous un ***aspect** particulier. La composition est proche de la structure dramatique : c'est une ligne **ascendante**, dont le dénouement est le moment le plus important. Le style est souvent très **élaboré** : l'effet produit sur le **lecteur** dépend beaucoup de la **justesse** de la **description** et de la **précision** de l'analyse psychologique.

Le **conte fantastique**, par contre, essaie de montrer les **profondeurs** de l'**âme** humaine en racontant un fait inexplicable, **incroyable** ou **surnaturel**.

*La **poésie***
Au Moyen Age et à la Renaissance, la poésie n'exprimait pas de **sentiments** personnels. Le **romantisme** a en quelque sorte « **inventé** » la poésie faite pour nous transporter dans un univers ***irrationel**, rêvé par le **poète**, et qui nous **révèle** son monde intérieur et nous ouvre son âme.

Pour traduire ses émotions et ses sentiments, et **inspirer** les mêmes à celui qui l'écoute, l'auteur utilise un langage à base d'**images** et de **rythmes**. Son vocabulaire est riche en **associations** de mots **inhabituelles** et en **connotations inattendues**. Les **sonorités** jouent un rôle **prépondérant**, ainsi que la ***rhétorique**, avec ses **figures de style** poétiques (**métaphores**, ***symboles**, **comparaisons**, **personnifications**).

le suspense [syspɑ̃s]	Spannung
un roman policier	Kriminalroman
un roman de cape et d'épée	Abenteuer-, Mantel und Degenroman
un,e narrateur, –trice	Erzähler/in
un roman historique	historischer Roman
un roman-fleuve	Romanzyklus
étendu,e	weitläufig, ausgedehnt
une fresque	Fresko
simultané,e	gleichzeitig ➜ ***E*** *simultaneous*
mêler	vermischen
l'imaginaire ***m***	(Welt der) Vorstellung
une invention	Erfindung
une nouvelle	Novelle
condensé,e	gedrängt, gerafft
bâtir	erstellen, (auf)bauen
un événement	Ereignis, Geschehen
étudier	studieren, erforschen
une répercussion	Aus-, Rückwirkung
l'authenticité ***f***	Echtheit, Glaubwürdigkeit
le personnage principal	Hauptperson, -figur
ascendant,e	aufsteigend ➜ ≠ *descendant,e*
élaboré,e	geschliffen, ausgearbeitet
un,e lecteur, –trice	Leser/in ➜ *lire, la lecture*
la justesse	Genauigkeit, Schärfe
la description	Beschreibung, Schilderung ➜ *décrire*
la précision	Genauigkeit ➜ *précis,e*
un conte (fantastique)	(fantastische) Erzählung
la profondeur	Tiefe ➜ *profond,e*
l'âme ***f***	Seele
incroyable	unglaublich ➜ *croire; glauben*
surnaturel,le	übernatürlich
la poésie	Poesie, Dichtkunst, Gedicht
un sentiment	Gefühl
le romantisme	Romantik
inventer	erfinden ➜ *une invention*
un,e poète	Dichter, Dichterin
révéler	aufzeigen, enthüllen
inspirer	bewirken, erwecken
une image	Bild
un rythme	Rhythmus ➜ ***E*** *rythm*
une association	Assoziation, Gedankenverbindung
inhabituel,le	ungewöhnlich
une connotation	Konnotation, zusätzliche Wortbedeutung
inattendu,e	unerwartet
une sonorité	Klang(wirkung)
prépondérant,e	vorrangig, entscheidend
une figure de style	Stilfigur
une métaphore	Metapher
une comparaison	Vergleich ➜ ***E*** *comparison*
une personnification	Personifizierung

Dans la ***fable**, des animaux représentent les qualités et les défauts humains : cela permet au poète (La Fontaine) de **formuler** plus librement ses critiques dans la ***morale finale**.

Les **poèmes** sont des compositions en vers, libres ou à **forme fixe**. La **versification** obéit à des règles très précises : le ***sonnet** traditionnel comporte quatre ***strophes**, deux **quatrains** et deux **tercets**, dont les rimes sont **agencées** selon le schéma suivant : abba–abba (**rimes embrassées**)–cc (**rimes plates**) d–ede (**rimes croisées**) ou abba–abba–ccd–eed.

En français, le vers est **rythmé** d'après le nombre de **syllabes** (p. ex. : **octosyllabe**, **décasyllabe**). Le poète évite la ***monotonie** en déplaçant les **césures** (pour les alexandrins) ou en **procédant** à des **enjambements**.

La poésie moderne renonce souvent au vers, à la rime et même à la **ponctuation**. Les poèmes, souvent dits « obscurs » ou « hermétiques » parce qu'ils sont difficiles à comprendre et demandent la **participation** active du lecteur, ouvrent de nouvelles voies en utilisant la prose ou en jouant avec la forme graphique du poème.

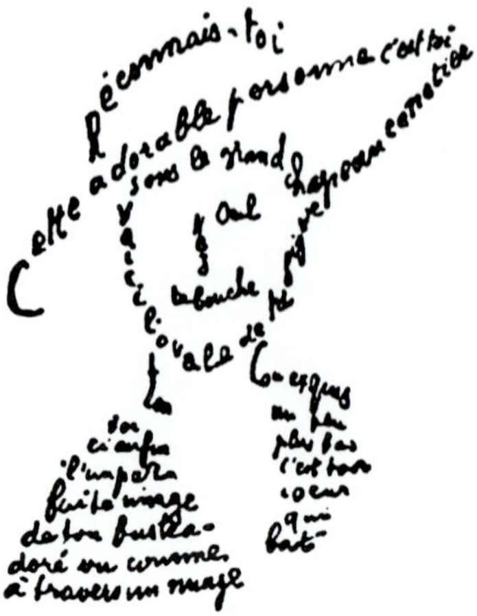

Calligramme adressé à Lou par Guillaume Apollinaire

Portrait de Lou

formuler	zum Ausdruck bringen
final,e	End-
un poème	Gedicht ➜ ***E*** *poem*
une forme fixe	gebundene, feste Form
la versification	Versbau, -lehre
un quatrain	Vierzeiler, Quartett
un tercet	Dreizeiler, Terzett
agencer	anordnen
une rime embrassée	umarmender Reim
une rime plate	Paarreim
une rime croisée	Kreuzreim
rythmer	rhythmisch gliedern
une syllabe	Silbe ➜ ***E*** *syllable*
un octosyllabe	Achtsilber
un décasyllabe	Zehnsilbner
une césure	Zäsur
procéder à qc	etw. vornehmen, vollziehen
un enjambement	Zeilensprung
la ponctuation	Zeichensetzung
la participation	Teilnahme

Le *théâtre

Le plus **célèbre** des théâtres nationaux, subventionnés par l'Etat, est la Comédie Française. Son **répertoire** est essentiellement ***classique** : tragédies et comédies des grands auteurs français. Les théâtres **municipaux** se sont multipliés avec la décentralisation culturelle, et de nouvelles **compagnies** ont vu le jour.

Le **théâtre du boulevard** attire le **grand public** par des pièces légères et amusantes. Les théâtres indépendants, souvent à l'**avant-garde** de la **création artistique**, et les **cafés-théâtres** sont pour la plupart dans une situation financière **précaire**.

En province, pendant les ***festivals** d'été, des milliers de **spectateurs** ont l'occasion d'**applaudir** des **troupes** nationales et étrangères, des **comédiens prestigieux** et des **réalisations** exceptionnelles.

L'**amateur** de théâtre consulte les **affiches** ou l'**Officiel des spectacles**. S'il n'a pas un ***abonnement** pour la **saison**, il s'achète un **billet** de **loge**, de **parterre**, de **balcon** ou de **poulailler**. Après les **trois coups** et le **lever du rideau**, il **assiste** à la première partie du **spectacle**. A la fin de l'**entracte**, l'**ouvreuse** l'aide à retrouver sa place.

Il trouve la **distribution** excellente : c'est son **actrice** préférée qui **tient le rôle** principal. Les **décors** et les **costumes** sont très réussis. Sur la **scène**, le **jeune premier** a le **trac** : c'est la ***première**, et la **répétition générale** n'a pas été bonne.

célèbre	berühmt ➜ *la célébrité*
un répertoire	Repertoire, Spielplan
municipal,e	städtisch
une compagnie	Ensemble
le théâtre de boulevard	Boulevardtheater, Komödienbühne
le grand public	breites Publikum
l'avant-garde *f*	Avantgarde, Vorkämpfer
la création artistique	künstlerisches Schaffen
un café-théâtre	kleines Theater (mit Bewirtung), Theatercafé
précaire	unsicher
un,e spectateur, -trice	Zuschauer/in
applaudir qn/qc	Beifall klatschen, applaudieren ➜ *l'applaudissement m*
une troupe	*hier:* (Schauspiel)Truppe
un,e comédien,ne	(Theater)Schauspieler/in
prestigieux, -ieuse	hervorragend, herrlich
une réalisation	Inszenierung, Regie
un amateur	Liebhaber
une affiche	Plakat
l'Officiel *m* des spectacles	Veranstaltungsprogramm
une saison	Spielzeit
un billet	Eintrittskarte
une loge	Loge
le parterre	*hier:* Parkett ➜ ☹ *Parterre; le rez-de-chaussée*
le balcon	Balkon
le poulailler	« Olymp », billige obere Ränge
les trois coups *m*	dreimaliges Klopfen zu Beginn der Vorstellung
le lever du rideau	Auf-/Hochgehen des Vorhangs
assister à	teilnehmen an, dabei sein
un spectacle	Vorstellung, Schauspiel
un entracte	Pause
une ouvreuse	Platzanweiserin
la distribution	(Rollen)Besetzung
un,e acteur, -trice	Schauspieler/in
tenir un rôle	eine Rolle spielen
les décors *m*	Ausstattung, Bühnenbild
un costume	(Theater)Kostüm ➜ ☹ *Kostüm; le tailleur*
la scène	Bühne
un jeune premier	jugendlicher Liebhaber
le trac	Lampenfieber
la (répétition) générale	Generalprobe

Le cinéma

L'industrie **cinématographique** fait aujourd'hui une part de plus en plus importante aux *films de divertissement : **policiers** (polars), films de science-fiction, comédies, **films d'action**, histoires d'amour ou encore **dessins animés**. Les **cinéphiles** qui se déplacent pour voir des **courts-métrages**, des vieux films en noir et blanc ou des **vedettes** du **cinéma muet** restent une minorité. Le grand public est au contraire attiré par les films **en couleur à gros budget**. Les films américains, en **version originale** (V.O.) **sous-titrée** ou en version française, dominent le marché.

Bien que la **fréquentation** des salles soit plus élevée en France qu'en Allemagne, la concurrence de la télévision et des *vidéothèques qui proposent les films à succès peu de temps après leur **sortie** se fait fortement sentir. Le cinéma tente de réagir à cette tendance par la qualité toujours plus grande du **son** et de l'image, la **projection** sur **écran géant** ou **hémisphérique**, des billets à **tarif réduit** et des **formules** d'abonnement.

8 femmes
film de François Ozon

le cinéma	Filmkunst, Kino
cinématographique	Kino/Film betreffend
un (film) policier	Kriminalfilm
un film d'action	Actionfilm
un dessin animé	Zeichentrickfilm
un,e cinéphile	Kinoliebhaber/in, -fan
un court-métrage	Kurzfilm
une vedette	(Film)Star ➜ = *une star*
le cinéma muet	Stummfilm
en couleur	Farb-, in Farbe
à gros budget	mit großem finanziellem Aufwand
la version originale	Originalfassung
sous-titré,e	mit Untertiteln
la fréquentation	Besuch
la sortie	Herauskommen, Erstaufführung
le son	Ton
une projection	(Film)Vorführung
un écran	Leinwand, Bildschirm
géant,e	riesig, Riesen- ➜ *un,e géant,e; Riese/Riesin*
hémisphérique	halbkugelförmig
un tarif réduit	ermäßigter Preis
une formule	Angebot

Le cinéma, considéré en France comme un produit culturel, **bénéficie** d'**aides de l'Etat**. Ce système favorise l'existence du **cinéma d'auteur**, et permet à des jeunes **cinéastes** d'exprimer leur ***talent**. Des **réalisateurs** comme Jean-Jacques Annaud, Luc Besson, Bernard Tavernier ou Claude Berri et des acteurs tels que Gérard Depardieu, Catherine Deneuve, Isabelle Adjani ou Isabelle Huppert contribuent à défendre la **renommée** internationale du cinéma français, à travers des films à l'**action** plutôt lente, où l'**accent est mis** sur l'***analyse** psychologique des personnages.

Chaque année, au festival de Cannes, la Palme d'Or est **décernée** au meilleur film. Les Césars, **équivalent** français des Oscars américains, sont des **prix accordés** dans différentes **catégories** par un ***jury** professionnel. Leur but est de **promouvoir** le cinéma national et de **récompenser** les meilleures **réalisations** de l'année.

*Le **tournage** d'un film*
Le **scénariste** propose un **scénario** à un ***producteur** qui étudie les possibilités de succès. A la suite d'un ***casting**, on engage des acteurs pour les **premiers** et **seconds rôles**, des **figurants** et éventuellement des **cascadeurs**. Le projet est confié à un réalisateur, qui est responsable de la **mise en scène** du film : il choisit les différentes équipes, décide des lieux du tournage (***studio** ou **décors naturels**), et **dirige** les acteurs.

Après le tournage, on procède au **montage** de la **pellicule**, c'est-à-dire qu'on **assemble** les **plans** enregistrés pour former des ***scènes**, puis des ***séquences**. Le montage peut être **linéaire** ou comporter des **flashbacks**. Des techniques comme le **ralenti** ou l'**arrêt sur image** peuvent venir renforcer l'effet produit par une scène.

La **bande sonore** du film comprend les ***dialogues**, la musique et les **bruitages**. Au **mixage**, ces différents éléments sont ***synchronisés** avec l'image.

bénéficier de	profitieren ➜ *un bénéfice; Profit, Gewinn*
une aide de l'Etat	staatlicher Zuschuss
le cinéma d'auteur	Autorenkino
un,e cinéaste	Filmschaffende/r
un,e réalisateur, -trice	Regisseur/in
la renommée	Ruhm
une action	Handlung, Action
mettre l'accent sur qc	etw. betonen
décerner qc à qn	verleihen, zuerkennen
un équivalent	Gegenstück, Entsprechung
un prix	(Film)Preis
accorder	verleihen
une catégorie	*hier:* Sparte
promouvoir	fördern
récompenser	auszeichnen, belohnen ➜ *une récompense*
une réalisation	Werk, Verfilmung
un tournage	Dreharbeiten
un,e scénariste	Drehbuchautor
un scénario	Drehbuch
un premier rôle	Hauptrolle
un second rôle	Nebenrolle
un,e figurant,e	Statist/in
un cascadeur	Stuntman
une mise en scène	Inszenierung, Regie
tourner en décors naturels	Außenaufnahmen machen
diriger	führen, leiten
le montage	Schnitt
une pellicule	(Film)Streifen, Rolle
assembler	zusammensetzen, aneinanderfügen
un plan	Einstellung, Aufnahme, Bild
linéaire	linear
un flash-back	Rückblende ➜ = *un retour en arrière*
un ralenti	Zeitlupe ➜ ≠ *un accéléré; Zeitraffer*
un arrêt sur image	Standbild
la bande sonore	Tonspur, -streifen
le bruitage	Geräuscheffekte ➜ *le bruit; Geräusch*
le mixage	Tonmischung

*Le **générique***
Placé au début ou à la fin du film, il présente tous ceux qui ont participé à la réalisation de l'œuvre ; c'est une longue liste, comprenant, entre autres :

- la **distribution**, c'est-à-dire le nom des acteurs et celui des personnages qu'ils ***interprètent**,
- les acteurs ayant participé au **doublage**,
- les **assistants de réalisation**, comme p. ex. la **scripte**, dont le rôle est d'assurer la ***cohérence** entre les différents plans et d'éviter les **faux-raccords**,
- les différentes équipes de ***techniciens** ayant travaillé sur le **plateau** : **cadreurs**, **éclairagistes** ou **preneurs de son**,
- les spécialistes des **trucages** et des **effets spéciaux**.

*L'**angle de prise de vue***
Il est déterminé par la ***position** de la ***caméra** par rapport à l'objet ***filmé**. Elle peut se trouver à la même hauteur que celui-ci, mais aussi **en plongée** (quand la prise de vue est effectuée de haut en bas) ou **en contre-plongée** (de bas en haut).

*Les **mouvements de caméra***

- On parle de **plan fixe** lorsque la caméra reste **immobile** pendant toute la prise de vue.
- Le **panoramique** est obtenu par un mouvement horizontal de la caméra sur son ***axe**.
- Lors du **travelling**, la caméra, fixée sur un **chariot** mobile, se déplace pendant le tournage du plan.
- Le ***zoom** consiste à **rétrécir** (zoom avant) ou à élargir (zoom arrière) le **champ de vision**, la caméra elle-même restant fixe.

Le plan
Il désigne la manière de **cadrer** la scène filmée.

- Le **plan général** montre l'ensemble d'un paysage ou d'un espace étendu.
- S'il s'agit d'un **plan américain**, on ne voit que la moitié supérieure du personnage.
- Quand un acteur est filmé en **gros (très gros) plan**, on n'en voit qu'une partie précise (p. ex. le visage, les yeux, une main).

un générique	Vor-, Nachspann
la distribution	Besetzung
le doublage	Synchronisierung
un,e assistant,e de réalisation	Regieassistent/in
la scripte	Skriptgirl
un(faux-)raccord	(falscher, unpassender) Übergang
le plateau	Set
un cadreur	Kameramann
un éclairagiste	Beleuchter
un preneur de son	Tontechniker
un trucage	Trickaufnahme
un effet spécial	Spezialeffekt
l'angle *m* de prise de vue	Bild-, Aufnahmewinkel
en plongée	aus der Vogelperspektive, Draufsicht
en contre-plongée	von unten, aus der Froschperspektive
le mouvement de caméra	Kameraführung
un plan fixe	feste Einstellung
immobile	unbeweglich, fest ➜ ≠ *mobile*
un panoramique	Panoramaschwenk
un travelling	Kamerafahrt
un chariot	(Kamera)Wagen
rétrécir	einengen, verengen ➜ ≠ *élargir*
le champ de vision	Bildausschnitt, Gesichtsfeld
cadrer	einstellen
un plan général	Totale, Gesamtaufnahme
un plan américain	Halbtotale
un gros (très gros) plan	Nah(Detail)aufnahme

La vie musicale

En France comme ailleurs, on écoute de plus en plus de musique. **Magnétophones à cassettes**, ***autoradios**, **baladeurs** ou **lecteurs CD portables** favorisent cette tendance. Un **équipement** de plus en plus perfectionné **diffuse** des **enregistrements** d'une qualité toujours meilleure : Le ***laser** a **condamné** les **platines** et les **33-tours** et **45-tours**. Les **chaînes haute fidélité** (hi-fi) équipées de **lecteurs de disques compacts** et d'**enceintes puissantes** permettent de **reproduire** chez soi le son d'un grand ***orchestre** ou l'ambiance d'une ***discothèque**. Pour **ménager** les oreilles des autres, on peut se servir d'un **casque**.

Les salles de ***concert**, l'**opéra** et le ***ballet** sont très **fréquentés**. Les **musiciens** et les **chefs d'orchestre** célèbres **font salle comble**. Les ***programmes** proposés aux amateurs de musique classique, sont très variés : **musique vocale** ou ***instrumentale**, ancienne ou **contemporaine** ; ***symphonies**, **concertos**, **musique de chambre** ou **récitals** de ***solistes** connus.

La chanson, qu'elle soit ***traditionnelle**, ***populaire** ou **engagée**, est un genre musical très apprécié en France. On retrouve ce **penchant** dans toutes les **couches** de la population.

A côté des « anciens », comme Alain Souchon, Renaud ou Francis Cabrel, qui ont représenté la « nouvelle ***chanson** française » dans les années 1980 et ont toujours de nombreux ***fans**, est apparue une nouvelle génération d'**auteurs**, de **compositeurs** et d'**interprètes** de ***talent** (Patricia Kaas, Liane Foly, Jean-Jacques Goldmann), qui ont su **adapter** au goût du jour les **paroles** et les ***mélodies** de leurs chansons, et profiter du **métissage** entre les musiques occidentale, orientale et africaine.

Le **CSA** (Conseil supérieur de l'audiovisuel), qui réglemente la communication audiovisuelle en France, a contribué au **renouveau** et au succès de la musique d'expression française en imposant aux **stations de radio** un **quota** de 40 % de chansons **francophones** pour lutter contre l'invasion des **ondes** par les **chanteurs** et les ***groupes** anglo-saxons.

musical,e	musikalisch, Musik-
un magnétophone (à cassettes)	Kassettenrekorder
un baladeur	Walkman → = *un walkman*
un lecteur CD portable	Discman
un équipement	Ausstattung, Anlage
diffuser	verbreiten, ausstrahlen → *la diffusion*
un enregistrement	Aufnahme → *enregistrer*
condamner [kɔ̃dane]	*hier:* zum Aussterben/Verschwinden verurteilen
une platine	Plattenspieler
un 33-tours	Langspielplatte
un 45-tours	Single
une chaîne haute fidélité	HiFi-Anlage
un lecteur de disques compacts	CD-Player
un (disque) compact (un CD)	CD
une enceinte	Lautsprecherbox
puissant,e	leistungsfähig, stark
reproduire	wiedergeben, reproduzieren → *la reproduction*
ménager	schonen; Rücksicht nehmen auf
un casque	Kopfhörer
un opéra	Oper
fréquenter	*hier:* besuchen
un,e musicien,ne	Musiker
un chef d'orchestre	Dirigent
faire salle comble	ein volles Haus bringen
la musique vocale	Vokalmusik
contemporain,e	zeitgenössisch
un concerto	Konzert (als musikalische Gattung)
la musique de chambre	Kammermusik
un récital	Liederabend
engagé,e	gesellschaftskritisch
un penchant	Neigung, Vorliebe
une couche	(Bevölkerungs)Schicht
un auteur	(Text)Autor
un compositeur	Komponist
un,e interprète	Interpret/in
adapter	anpassen
une parole	Wort
le métissage	Vermischung von Rassen, Kreuzung
le CSA	*etwa:* Rundfunk- und Fernsehrat
un renouveau	Wiederaufleben, neues Aufblühen
une station de radio	Rundfunksender
un quota	Quote
francophone	französischsprachig
les ondes *f*	(Äther)Wellen, Rundfunk
un,e chanteur,-euse	Sänger/in → ⚠ *une cantatrice; (Opern)Sängerin*

Certes, la *musique pop et le *rock ont toujours la cote auprès des jeunes, de même que la « dance music » (le hip hop, la techno). Mais le phénomène musical le plus important de ces dernières années, c'est le *rap. Originaire des ghettos noirs américains, cette forme musicale où des *textes (souvent engagés politiquement) sont scandés sur une base rythmique est aujourd'hui un *écho de la réalité sociale des banlieues, et le mode d'expression d'une jeunesse confrontée à la pauvreté et à l'exclusion. Très marginal à ses débuts, le rap a maintenant sa place au hit-parade. On y retrouve des tendances diverses, du *style très travaillé et *poétique de MC Solaar à la violence des textes de NTM. D'autres encore, comme Tonton David, mélangent rap et reggae.

Parallèlement au rap, le *raï a trouvé un large public parmi les maghrébins vivant en France. Pour les beurs, cette musique, qui fait la *synthèse entre *l'improvisation traditionelle algérienne, le rock et le *blues, est un reflet de leur situation : entre deux cultures, entre deux mondes. Les textes en sont souvent satiriques ou contestataires, et parmi les vedettes du raï, certaines, comme Khaled, ont choisi de vivre en France.

Les conservatoires et écoles de musique ont de plus en plus d'élèves qui souhaitent apprendre à utiliser leur voix ou à jouer d'un *instrument. Beaucoup sont attirés par les instruments à la mode comme la *guitare électrique ou le synthétiseur et rêvent même de devenir à leur tour des *stars. Pourquoi pas ? Avant de sortir leur premier *album, les grands noms d'aujourd'hui étaient eux aussi des inconnus qui envoyaient des maquettes aux maisons de disques.

Les Beaux-Arts

On appelle ainsi l'*architecture, les arts plastiques (p. ex. la sculpture) et graphiques (dessin, peinture, gravure).

L'architecture
Selon les époques, elle a été marquée par des *styles différents. On peut ainsi distinguer les églises romanes, sobres, avec leurs arcs en plein cintre, des vastes *cathédrales gothiques aux vitraux très colorés, aux nefs élevées, soutenues par des voûtes en ogive et surmontées de flèches. La *symétrie, l'élégance et le goût des constructions grandioses caractérisent l'art classique (châteaux, palais, jardins à la Française).

(avoir) la cote	hoch im Kurs stehen, in sein
un phénomène	Erscheinung
engagé,e	engagiert
scander	skandieren (rhythmisch/taktmäßig sprechen)
rythmique	rhythmisch
un mode d'expression	Ausdrucksform
l'exclusion *f*	gesellschaftliches Ausgeschlossensein ➜ *exclure*
marginal,e	*hier:* am Rande stehend
le hit-parade	Charts
une tendance	Tendenz, Richtung
mélanger	(ver)mischen
le public	Publikum
un beur	in Frankreich geborener Nordafrikaner
satirique	satirisch
contestataire	aufsässig, rebellierend
une vedette	Star ➜ = *une star*
un conservatoire	Musik(hoch)schule
la voix	Stimme ➜ ⚠ *la voie; Weg, Gleis*
jouer (d'un instrument)	(ein Instrument) spielen
un synthétiseur	Synthesizer
sortir qc	herausbringen
une maquette	Demo-Band
une maison de disques	Schallplattenverlag, -firma
les Beaux-Arts *m*	die schönen Künste
les arts *m* plastiques	die bildenden Künste
la sculpture	Bildhauerei
les arts *m* graphiques	Grafik
la peinture	Malerei
la gravure	Stich, Radierung
roman,e	romanisch
sobre	schlicht, nüchtern ➜ ***E*** *sober*
un arc en plein cintre	Rundbogen
gothique	gotisch
un vitrail (*pl.* –aux)	Kirchenfenster, (buntes) Glasfenster
coloré,e	bunt
une nef	Kirchenschiff
soutenir qc	abstützen, tragen
une voûte	Gewölbe
une ogive	Spitzbogen
une flèche	*hier:* Turmspitze
une construction	Bauwerk ➜ *construire*
un palais	Palast

L'architecture moderne utilise de nouveaux **matériaux** (béton, **acier**, verre), et **s'adapte** aux techniques industrielles. L'***architecte conçoit** les plans d'un **édifice**, et en contrôle l'**exécution**. Il travaille parfois en collaboration avec un **urbaniste** ou un **paysagiste**.

La peinture
Dans les musées, des **expositions permanentes** ou **temporaires** permettent d'**admirer** les **chefs-d'œuvre** de différents **artistes**. Parmi les principaux **courants** de la peinture moderne, on peut citer :

- l'***impressionnisme**, qui insiste sur l'importance de la lumière,
- le ***fauvisme**, riche en couleurs,
- le ***cubisme**, basé sur des formes ***géométriques**,
- le ***surréalisme** qui, à travers des **assemblages** bizarres, crée une atmosphère de **cauchemar** reflétant la situation de l'homme dans un monde absurde,
- l'art contemporain, plus souvent **abstrait** que **figuratif**, et qui représente un **renouvellement** radical de la peinture.

Le **peintre** professionnel sort en général d'une **école des Beaux-Arts** où il a appris à **maîtriser** différentes techniques (**gouache**, **peinture à l'huile**, ***aquarelle**) et suivi des cours d'**histoire de l'art**. Pour faire connaître et vendre ses **toiles**, il doit les **exposer** dans des ***galeries**.

Le **peintre amateur**, au contraire, **peint** pour son seul plaisir des paysages, des **natures mortes** ou des ***portraits**.

La sculpture
Elle a longtemps été étroitement liée à la religion (**calvaires**, décoration de **portails** d'églises) ou mise au service du pouvoir (***statues** et **bustes** d'empereurs, ***reliefs** qui **immortalisent** des événements historiques).

Les **sculpteurs travaillent** le bois, la pierre, le **marbre**, le ***bronze** et parfois même l'**argent** ou l'**or**.

A l'époque moderne, la **représentation** plus ou moins réaliste de l'homme fait place à des réalisations moins figuratives qui combinent différents matériaux, traditionnels ou nouveaux.

un matériau (*pl.* –x)	Material, Bau–, Werkstoff
l'acier *m*	Stahl
s'adapter à	sich anpassen
concevoir	entwerfen ➜ *une conception*
un édifice	Gebäude
l'exécution *f*	*hier:* Ausführung
un urbaniste	Städteplaner, –bauer
un paysagiste	Gartenarchitekt, Landschaftsgärtner ➜ *le paysage; Landschaft*
une exposition	Ausstellung
permanent,e	ständig
temporaire	zeitlich begrenzt, vorübergehend
admirer	bewundern ➜ *l'admiration f*
un chef-d'œuvre	Meisterwerk
un,e artiste	Künstler/in ➜ ☹ *Artist/in; un,e acrobate*
un courant	Strömung
un assemblage	Zusammenstellung, Collage
un cauchemar	Albtraum
abstrait,e	abstrakt
figuratif, –ive	gegenständlich
le renouvellement	Erneuerung
un peintre	Maler
une école des Beaux–Arts	Kunstakademie
maîtriser	beherrschen
la gouache	Deckfarbe, Guaschmalerei
la peinture à l'huile	Ölmalerei, –gemälde
l'histoire *f* de l'art	Kunstgeschichte
une toile	Leinwand, Gemälde
exposer	ausstellen
un peintre amateur	Hobbymaler
peindre	malen
une nature morte	Stilleben
un calvaire	Kreuzigungsdarstellung, Kalvarienberg
un portail	Portal
un buste	Büste
immortaliser	verewigen ➜ *l'immortalité f; Unsterblichkeit*
un sculpteur	Bildhauer
travailler	*hier:* bearbeiten
le marbre	Marmor
l'argent *m*	Silber
l'or *m*	Gold
une représentation	Darstellung

a) **Traduisez les mots ci-dessous et placez-les dans la grille. Pour vous aider, une lettre de chaque mot est déjà indiquée.**

berühmt – bewundern – Drehbuch – Ereignis – Gebäude – Gegenstand, Thema – Heuchelei – Mitleid – Publikum – Romanschriftsteller – Schauspiel – Schicksal – Schriftsteller – Spannung – Tiefe – träumen – unglaublich – Wahrheit

		v							
			i						
	u								
				t					
		s							
			l						
					r				
			f						
		m							
				v					
			n						
						s			
		m							
			c						
					m				
				c					
							e		
								l	

b) Traduisez en français.

1. Im Drama entwickelt sich eine komplizierte Handlung zwischen mehreren Personen.
2. Das 17. Jahrhundert stellt den Höhepunkt der französischen Tragödie dar.
3. In den Stücken von Racine ist die Leidenschaft stärker als die Vernunft.
4. Die Tragödie sollte bei den Zuschauern Furcht und Mitleid erregen.
5. Die klassische Komödie macht sich über menschliche Fehler wie Heuchelei, Geiz oder Eifersucht lustig.
6. Die Haupthandlung wird durch Rückblenden, Abschweifungen und Nebenhandlungen unterbrochen.
7. Dieses Jahr verlieh die Jury Preise an einen jungen Regisseur und zwei amerikanische Stars.
8. Bei den Jugendlichen steht die Rock- und Popmusik hoch im Kurs.
9. Ich habe eine Vorliebe für Kammermusik.
10. Der Architekt entwirft den Plan des Hauses und überwacht dessen Ausführung.

c) Traduisez en allemand.

1. La composition des pièces de théâtre classiques était dictée par la règle des trois unités.
2. Les héros des tragédies de Corneille obéissent à leur sens du devoir.
3. Pour traduire ses émotions et ses sentiments, le poète utilise un langage riche en images où les sonorités et le rythme jouent un rôle prépondérant.
4. En été, de nombreux festivals donnent à des milliers de spectateurs l'occasion d'applaudir des comédiens prestigieux.
5. Bien que la répétition générale ait été excellente, l'actrice qui tient le rôle principal a le trac.
6. Les cinéphiles préfèrent aller voir les films en version originale sous-titrée.
7. Les aides de l'Etat dont béné ficie le cinéma en France permettent à de jeunes cinéastes de se faire connaître.
8. Ce court-métrage a été entièrement tourné en décors naturels.
9. Le jury a accordé un César à ce film de science-fiction pour la qualité des trucages et des effets spéciaux.

La France dans le monde

Le couple France–Allemagne

Quelques étapes historiques
Au XVIIe siècle, malgré les **revendications territoriales** de Louis XIV et les guerres qui s'ensuivent, la **cour** de Versailles sert de modèle aux **princes** allemands : Les milieux **cultivés** allemands parlent français et **admirent** la culture française. Un siècle plus tard, les idées de la Révolution ont elles-aussi des **répercussions outre-Rhin**.

Sous l'influence de Napoléon, les structures politiques allemandes sont profondément transformées : les petites **principautés** sont regroupées en Etats de taille moyenne, les territoires gouvernés jusque-là par des **princes-évêques** sont intégrés aux autres Etats, la **Bavière** et le ***Wurtemberg** deviennent des **royaumes**.

Pendant plus d'un siècle, les **rapports** entre la France et l'Allemagne sont marqués par une **suite** de ***conflits** et de guerres (guerre **franco-allemande** de 1870 – 71, Première Guerre mondiale), **entrecoupés** de **rapprochements** timides (comme pendant l'**Entre-deux-guerres**). Mais face à la **montée** du **national-socialisme** et à ses **visées *expansionistes**, la France s'engage dans une nouvelle guerre contre l'Allemagne.

Après la libération de la France par les **forces alliées**, les **relations bilatérales** restent d'abord **tendues**. Cependant, des hommes politiques **lucides** tentent de **surmonter** les **antagonismes** pour ouvrir la voie à une ***coexistence pacifique** et à la **réconciliation**.

Le **Traité sur la coopération franco-allemande**, **signé** et **ratifié** en 1963 pour mettre fin à une ***rivalité séculaire**, prévoit :

- des **consultations bi-annuelles** entre les ministres,
- une **harmonisation** sur le plan stratégique,
- une ***priorité** à l'enseignement de la langue du partenaire,
- la **création** de l'**Office franco-allemand pour la jeunesse (OFAJ)**, dont le programme comprend des **rencontres** et des **échanges** scolaires entre les jeunes des deux pays, des **manifestations** sportives et des **jumelages**.

un couple	Paar
une revendication territoriale	Gebietsforderung, -anspruch
la cour	(Königs-, Fürsten)Hof → ⚠ *le cours; Unterrichtsstunde/la course; Lauf*
un prince	Fürst, Prinz
cultivé,e	gebildet
admirer	bewundern → *l'admiration f*
une répercussion	Widerhall, Auswirkung
outre-Rhin	jenseits des Rheins (häufige französische Bezeichnung für Deutschland)
une principauté	Fürstentum
un prince-évêque	Fürstbischof
la Bavière	Bayern → *bavarois,e*
un royaume	Königreich → *le roi; König*
un rapport	Beziehung
une suite	Folge, Serie → *suivre*
franco-allemand,e	deutsch-französisch
entrecouper	unterbrechen
un rapprochement	Annäherung → *se rapprocher de*
l'Entre-deux-guerres *m*	Zwischenkriegszeit
la montée	Aufstieg
le national-socialisme	Nationalsozialismus
une visée	Ziel, Absicht
les forces alliées	die alliierten Streitkräfte (Amerikaner, Engländer und Franzosen)
une relation	Beziehung
bilatéral,e	beiderseitig, bilateral
tendu,e	angespannt
lucide	klar sehend, weitsichtig → *la lucidité*
surmonter	überwinden
un antagonisme	Gegensatz
pacifique	friedlich → *la paix*
la réconciliation	Wiederaussöhnung
le Traité sur la coopération franco-allemande	deutsch-französischer Freundschaftsvertrag
signer	unterzeichnen, -schreiben → *la signature*
ratifier	ratifizieren → *la ratification*
séculaire	jahrhundertelang, jahrhundertealt → *le siècle; Jahrhundert*
une consultation	Beratung
bi-annuel,le	halbjährlich
l'harmonisation *f*	Harmonisierung
la création	Schaffung
l'Office *m* franco-allemand pour la jeunesse	deutsch-französisches Jugendwerk
une rencontre	Begegnung → *rencontrer*
un échange	Austausch
une manifestation	*hier:* Veranstaltung
un jumelage	(Städte)Partnerschaft

Bilan actuel
Aujourd'hui, plus de 50 ans après les premières **tentatives** de rapprochement, une certaine ***routine** s'est installée dans le couple franco-allemand. L'**amitié** entre les deux **peuples** est devenue un **fait acquis**, et pour les jeunes, la question de la réconciliation ne se pose plus. Conséquence de cette ***normalité** : les relations entre les deux pays ne **passionnent** plus le **grand public**. Des deux côtés du **Rhin**, les élèves sont de moins en moins nombreux à souhaiter apprendre la **langue du voisin**, et l'**intérêt** pour les échanges et jumelages est en **baisse**.

Malgré tout, la bonne **entente** franco-allemande est considérée **à juste titre** comme l'un des principaux **moteurs** de la ***construction** de l'Europe. La volonté des deux **partenaires** de maintenir un **lien** solide et **intense** entre les civilisations latine et germanique **se manifeste** à travers des **réalisations** communes. Ainsi, la **chaîne de télévision** culturelle Arte, installée à Strasbourg, **diffuse** depuis 1992 des programmes **destinés** à la fois aux Français et aux Allemands. Sur le plan de la **formation professionnelle**, la ***coopération s'élargit** sans cesse, et certains lycées proposent à présent des **filières bilingues débouchant** sur un « **Abi-bac** », **reconnu** dans les deux pays.

Caricature commentant la signature du Traité sur la coopération franco-allemande

La **réunification** de l'Allemagne a été accueillie avec une certaine **méfiance** par les Français, qui ont parfois du mal à ***accepter** le nouveau poids démographique et politique de leur voisin. Mais **en dépit** des **dissensions passagères**, des **malentendus** et des **parti-pris** qui **subsistent** encore, le **bilan** des relations **germano-françaises** est nettement positif.

une tentative	Versuch → *tenter; = un essai*
l'amitié *f*	Freundschaft
un peuple	Volk
un fait acquis	feste Errungenschaft
passionner	begeistern, fesseln → *la passion; Leidenschaft*
le grand public	breite Öffentlichkeit
le Rhin	Rhein
la langue du voisin	Sprache des Nachbarn
un intérêt	Interesse → *s'intéresser à*
être en baisse	zurückgehen → *≠ être en hausse*
une entente	Einvernehmen, gegenseitiges Verständnis → *s'entendre*
à juste titre	zu Recht
un moteur	*hier:* Antriebskraft
un,e partenaire	Partner/in
un lien	Verbindung, Band
intense	intensiv, lebhaft, stark
se manifester	sich zeigen, zum Ausdruck kommen
une réalisation	Leistung, Verwirklichung
une chaîne de télévision	Fernsehsender
diffuser	ausstrahlen, senden
être destiné à	bestimmt sein
la formation professionnelle	berufliche (Aus)Bildung
s'élargir	sich ausweiten
une filière bilingue	bilingualer Zug
déboucher sur	(ein)münden, führen
l'Abi-bac	im bilingualen Zug abgelegtes deutsches und französisches Abitur
reconnaître	anerkennen → *la reconnaissance*
la réunification	Wiedervereinigung
la méfiance	Misstrauen → *se méfier de*
en dépit de	jmd/einer Sache zum Trotz
une dissension	Unstimmigkeit
passager, -ère	vorübergehend
un malentendu	Mißverständnis
un parti-pris	Voreingenommenheit
subsister	fort-, weiterbestehen, fortdauern
le bilan	Bilanz, Fazit
germano-français,e	deutsch-französisch

Perspectives

L'Allemagne et la France, qui ont joué les premiers **rôles** à chaque nouvelle ***étape** de la construction européenne, sont **conscients** de la responsabilité particulière qui leur revient dans l'***organisation** de l'Europe de demain. La réalisation de grands **projets** – comme p. ex. celui d'une **constitution** européenne – passe sans aucun doute par une étroite coopération entre les deux pays et aura besoin, pour **voir le jour**, du **dynamisme** franco-allemand.

Les rapports économiques

Ils forment un **réseau** qui ne cesse de **s'intensifier**. Chacun des deux pays est le principal partenaire économique de l'autre. On constate pourtant un certain **déséquilibre** : du côté français, il arrive souvent que les **importations dépassent** les **exportations**, ce qui met la **balance des paiements** en ***déficit**. Les **investissements** par-delà les frontières, ainsi que la coopération industrielle et **scientifique**, fonctionnent moins bien que les **échanges commerciaux**, à cause de priorités politiques et de conceptions économiques parfois **divergentes**. Cependant, la France, qui est un des principaux **investisseurs** étrangers dans les nouveaux länder, est également pour l'Allemagne un **site** d'investissements important.

La **nécessité** de faire face à la ***concurrence** étrangère et à la **mondialisation** a conduit les deux pays à **opérer** des ***fusions** entre **grandes entreprises**. Parmi les réalisations de la coopération bilatérale entre la France et l'Allemagne, on peut citer le ***programme** Eurocopter, la ***production** de la Smart en Lorraine ou encore le géant de l'industrie chimique Aventis.

Pour lutter contre la **domination** des Etats-Unis dans le domaine de l'**aéronautique** et de l'**aérospatiale**, les partenaires d'Airbus industrie (parmi lesquels l'Allemagne et la France) ont **fondé** l'EADS (European aeronautic défence and space), qui devrait permettre, entre autres, de **commercialiser** un nouvel **avion gros-porteur**, l'A 380.

un rôle	Rolle
être conscient,e de	sich bewusst sein
un projet	Projekt, Vorhaben
la constitution	Verfassung
voir le jour	Wirklichkeit werden, zur Welt kommen
le dynamisme	Dynamik
un réseau	Netz, Geflecht
s'intensifier	intensiver-, fester-, enger werden
un déséquilibre	Ungleichgewicht ➜ ≠ *l'équilibre m*
les importations *f*	Import
dépasser	übertreffen, übersteigen
les exportations *f*	Export
la balance des paiements	Zahlungsbilanz
un investissement	Investition ➜ ***E*** *investment*
scientifique	wissenschaftlich
les échanges *m* commerciaux	Handelsverkehr
divergent,e	abweichend, unterschiedlich
un investisseur	Investor
un site	Stätte, Standort
la nécessité	Notwendigkeit
la mondialisation	Globalisierung
opérer	vornehmen, vollziehen
une grande entreprise	Großunternehmen
la domination	Herrschaft, Vormachtstellung
l'aéronautique *f*	Luftfahrt
l'aérospatiale *f*	Raumfahrt
fonder	gründen ➜ *une fondation*
commercialiser	auf den Markt bringen, vermarkten ➜ *le commerce; Handel*
un avion gros-porteur	Großraumflugzeug

La France et l'Europe

*Vers l'**unification** de l'Europe*
L'idée d'une Europe **unie** est née après la Seconde **Guerre mondiale**. La France est un des **piliers** de cette entreprise, conçue pour éviter de nouveaux conflits et pour **relancer** l'économie des pays d'**Europe occidentale**.

Quelques **pas** importants vers l'unification de l'Europe :

- 1951 : création de la **CECA (Communauté européenne du charbon et de l'acier)**.
- 1957 : le traité de Rome **institue** la **Communauté économique européenne (CEE)**. Le nombre de ses **membres** (six au départ) passe à douze en 1986.
- 1991 : **élaboration** du traité de Maastricht. **Entré en vigueur** le 1er novembre 1993, il a pour but principal la **poursuite** de l'**union monétaire** et économique de l'Europe, avec pour **étape** finale l'**adoption** d'une **monnaie unique**. Il **met** également **en œuvre** une politique de sécurité commune et une coopération dans le domaine de la justice et des **affaires intérieures**. De plus, il fixe les **bases** d'une **citoyenneté** européenne en prévoyant, pour les citoyens de l'Union, la **liberté de circulation** et de **séjour** dans tous les **pays membres** ainsi que le droit de vote aux **élections municipales** et européennes dans le pays où ils **résident**. Il est complété en 1995 par l'**application** des accords de Schengen, qui **abolissent** les ***contrôles** aux frontières entre certains des pays.
- 1993 : **instauration** du **Grand Marché Unique**. Pour rendre l'Europe plus **compétitive** face aux grandes **puissances** économiques, les frontières sont ouvertes et les **restrictions douanières** abolies à l'intérieur de la CEE qui prend le nom d'Union européenne (UE). C'est maintenant une zone de **libre-échange** où les **marchandises** et les **capitaux** peuvent **circuler** librement. Cette mesure **renforce** les liens entre les Etats-membres : chacun d'eux effectue les deux tiers de son **commerce extérieur** avec les autres pays de l'UE. Sur le plan international, cependant, l'UE reste un acteur **de second rang**.
- 2002 : entrée en vigueur de l'union monétaire européenne. Tous les pays membres y participent dès le début, **à l'exception de** la Grande Bretagne, du Danemark et de la Suède.

l'unification *f*	Vereinigung
uni,e	vereint
une Guerre mondiale	Weltkrieg
un pilier	Pfeiler
relancer	wieder ankurbeln
l'Europe occidentale	Westeuropa
un pas	Schritt
la Communauté européenne du charbon et de l'acier	Europäische Gemeinschaft für Kohle und Stahl, Montanunion
instituer	einführen, errichten
la Communauté économique européenne	europäische Wirtschaftsgemeinschaft
un membre	Mitglied ➜ ***E*** *member*
l'élaboration *f*	Ausarbeitung
entrer en vigueur	in Kraft treten
la poursuite	Streben nach
l'union *f* monétaire	Währungsunion, Weiterführung
une étape	Etappe, Station
l'adoption *f*	Annahme, Einführung ➜ *adopter*
la monnaie unique	Einheitswährung
mettre en œuvre	einsetzen, auf den Weg bringen
les affaires intérieures	innenpolitische Angelegenheiten
une base	Grundlage
la citoyenneté	Staatsbürgerschaft, -angehörigkeit ➜ *un citoyen; Staatsbürger*
la liberté de circulation	Freizügigkeit beim Reisen
le séjour	Aufenthalt ➜ *séjourner; sich aufhalten*
un pays membre	Mitgliedsland
les élections *f* municipales	Gemeinde-, Stadtratswahlen
résider	wohnen, s. ständigen Wohnsitz haben
une application	Durchführung, Anwendung ➜ *appliquer*
abolir	abschaffen ➜ *l'abolition f*
l'instauration *f*	Einführung
le Grand Marché Unique	Europäischer Binnenmarkt
compétitif, -ive	wettbewerbsfähig
une puissance	*hier:* Macht
une restriction douanière	Zollbeschränkung
le libre-échange	Freihandel
une marchandise	Ware
le capital (*pl.* -aux)	Kapital
circuler	in Umlauf sein, zirkulieren
renforcer	festigen, stärken ➜ *le renforcement*
le commerce extérieur	Außenhandel
de second rang	zweitrangig
à l'exception de	abgesehen von, außer

Les ***institutions*** *européennes*
Les institutions les plus importantes de l'UE sont les suivantes :

- Le **Conseil européen** : les chefs d'Etats s'y **concertent** pour fixer les grandes **orientations** ; celles-ci sont ensuite concrétisées par le **Conseil des ministres** qui prend des décisions et adopte les lois communautaires.
- La **Commission européenne** : elle propose des lois et fait **appliquer** les **résolutions** prises par les ministres des pays membres de l'UE.
- Le **Parlement européen** : élu au **suffrage universel direct** par tous les citoyens de l'UE, il vote le **budget**, et participe dans certains cas aux prises de décisions.
- La **Cour de justice** : Elle **tranche** les conflits liés à l'application des traités et au droit de la Communauté.
- La **Banque centrale européenne (BCE)** : créée en 1998, elle est indépendante des gouvernements nationaux et **siège** à Francfort. Elle a pour **mission** de **maintenir** la ***stabilité** des prix et de **définir** la politique monétaire de la ***zone euro**. C'est elle qui **détient** et **gère** les ***réserves** monétaires des pays de l'UE.

L'euro
Le 1er janvier 2002 marque une étape **décisive** dans la construction de l'Europe. A cette date, en effet, l'euro (€) devient monnaie commune de 11 pays, où il **se substitue** aux monnaies nationales. Cette « révolution » ne s'est pas faite en un jour : afin de ***garantir** la stabilité de l'euro, un pacte de stabilité et de **croissance** a été instauré dès 1996. Il oblige les Etats de la zone euro à limiter leur **déficit public** et à gérer leur budget avec une grande discipline. Depuis 1999, la **valeur** de l'euro **par rapport aux** différentes monnaies nationales est fixée définitivement.

La nouvelle monnaie a certes des **détracteurs** qui regrettent la **disparition** de leur monnaie nationale. Mais dans les faits, l'adoption d'une monnaie commune devrait renforcer **parmi** les pays membres le sentiment d'**appartenir** à une même communauté.

une institution	Einrichtung, Institution
le Conseil européen	Europäischer Rat
se concerter	sich abstimmen
une orientation	Richtung, Leitlinie
le Conseil des ministres	Ministerrat
la Commission européenne	Europäische Kommission
appliquer	umsetzen, anwenden ➜ *une application*
une résolution	Beschluss
le Parlement européen	Europaparlament
le suffrage universel direct	allgemeine direkte Wahlen
le budget	Finanzetat, Budget
la Cour de justice	Gerichtshof
trancher	schneiden; *hier:* entscheiden, lösen
la Banque centrale européenne	europäische Zentralbank (EZB)
siéger	s. Sitz haben ➜ *un siège; Sitz*
avoir pour mission	zur Aufgabe haben
maintenir	aufrechterhalten, (be)wahren
définir	festlegen, bestimmen ➜ = *déterminer*
détenir	verfügen über, besitzen
gérer	verwalten
l'euro [øRO]	Euro
décisif, -ive	entscheidend ➜ *la décision; Entscheidung*
se substituer à	ersetzen ➜ = *remplacer*
la croissance	Wachstum ➜ *croître*
le déficit public	Staatsverschuldung
la valeur	Wert ➜ *valoir; wert sein*
par rapport à	im Verhältnis zu
un,e détracteur, -trice	entschiedener Gegner
la disparition	Verschwinden ➜ *disparaître*
parmi	unter, bei
appartenir à	gehören

Acquis et difficultés
Certes, le ***véto** de certains pays ralentit parfois le **processus** de décision et oblige souvent à trouver des ***compromis** ; pourtant l'UE a réalisé bon nombre de projets. Elle a **mis au point** une **politique agricole commune** (« l'Europe verte »), fixé des **quotas** de **pêche** (« l'Europe bleue »), et les pays membres se sont mis d'accord sur une coopération étroite dans les domaines des transports, de l'industrie et de la **recherche**.

Cependant, tout le monde ne voit pas l'Europe unie d'un œil **favorable**. En France, certains y voient une **menace** pour la **souveraineté** nationale, et ont peur d'être **dirigés** par les **technocrates** de Bruxelles, trop éloignés des réalités de chaque pays. D'autres **redoutent** une ***hégémonie** de l'Allemagne **réunifiée** dans une Europe fédérale. Les **adversaires** de la construction européenne prétendent aussi que l'Europe coûtera très cher à cause des **disparités** entre les différents pays, et que certains **secteurs** déjà touchés par la crise seront encore plus **exposés** à la concurrence internationale. Ils critiquent aussi l'**absence** d'une véritable ***politique sociale**, et l'**incapacité** de l'Union à mener une **politique extérieure** commune. Quant aux plus ***pessimistes**, ils craignent non seulement une augmentation de la ***criminalité** et de l'immigration du fait de la disparition des contrôles aux frontières, mais aussi la **perte** totale des cultures et **identités nationales**.

Perspectives pour l'Europe
L'UE continue à exercer un **attrait** considérable sur les pays non-membres. Après des **négociations épineuses**, l'**Autriche**, la ***Finlande** et la **Suède** sont entrées dans l'Union en 1995. Et les choses ne vont pas s'arrêter là : un **élargissement** de grande **ampleur** est en **préparation**, à la suite des **propositions** faites par « l'***Agenda 2000** », publié en 1997 par la Commission européenne.

Ce processus d'élargissement, dont la première **vague** est prévue pour 2004, se fera peu à peu. Mais l'UE doit dès maintenant procéder à des ***réformes** de ses institutions. Sinon, on **court le risque** que l'Europe, dont les ***structures** sont déjà très **lourdes**, ne soit **paralysée** par le nombre et la **diversité** des Etats qui la composent. De leur côté, les ***candidats** à l'entrée dans l'UE devront **s'engager** à **remplir** certains **critères** économiques et politiques. Pour le moment, le ***modèle** d'une Europe élargie à plusieurs vitesses semble plus ***réaliste** que celui d'une véritable **confédération**. Mais quoi qu'il en soit, l'Europe politique **se rapproche** petit à petit de l'Europe géographique.

un processus	Prozess, Entwicklung
mettre au point	erarbeiten
la politique agricole	Agrarpolitik
commun,e	gemeinsam
un quota	Quote
la pêche	Fischfang ➜ ⚠ *la pêche; Pfirsich/ le péché; Sünde*
la recherche	Forschung ➜ ***E*** *research*
favorable	zustimmend, befürwortend
une menace	Drohung, Bedrohung
la souveraineté	Souveränität, nationale Unabhängigkeit
diriger	führen
un,e technocrate	Technokrat/in
redouter	(be)fürchten ➜ *le doute; Zweifel*
réunifier	wieder vereinigen
un adversaire	Gegner
une disparité	Unterschiedlichkeit
un secteur	Sektor, Bereich
exposer	aussetzen
l'absence *f*	Fehlen
l'incapacité *f*	Unfähigkeit
la politique extérieure	Außenpolitik
la perte	Verlust
l'identité nationale	nationale Identität
l'attrait *m*	Anziehungskraft
une négociation	Verhandlung ➜ *négocier*
épineux, -euse	dornig, *fig:* schwierig
l'Autriche *f*	Österreich
la Suède	Schweden
l'élargissement *m*	Erweiterung ➜ *élargir*
l'ampleur *f*	Weite, Tragweite
la préparation	Vorbereitung, Planung
une proposition	Vorschlag
une vague	Welle
courir un risque	Gefahr laufen
lourd,e	schwerfällig
paralyser	lähmen ➜ *la paralysie; Lähmung*
la diversité	Verschiedenheit, Verschiedenartigkeit
s'engager à	sich verpflichten
remplir	erfüllen, ausfüllen
un critère	Richtlinie, Kriterium
une confédération	Staatenbund
se rapprocher de	sich annähern

La **francophonie**

On peut définir la francophonie comme un **espace linguistique** regroupant les **communautés** fortement influencées par la langue et la ***culture** françaises.

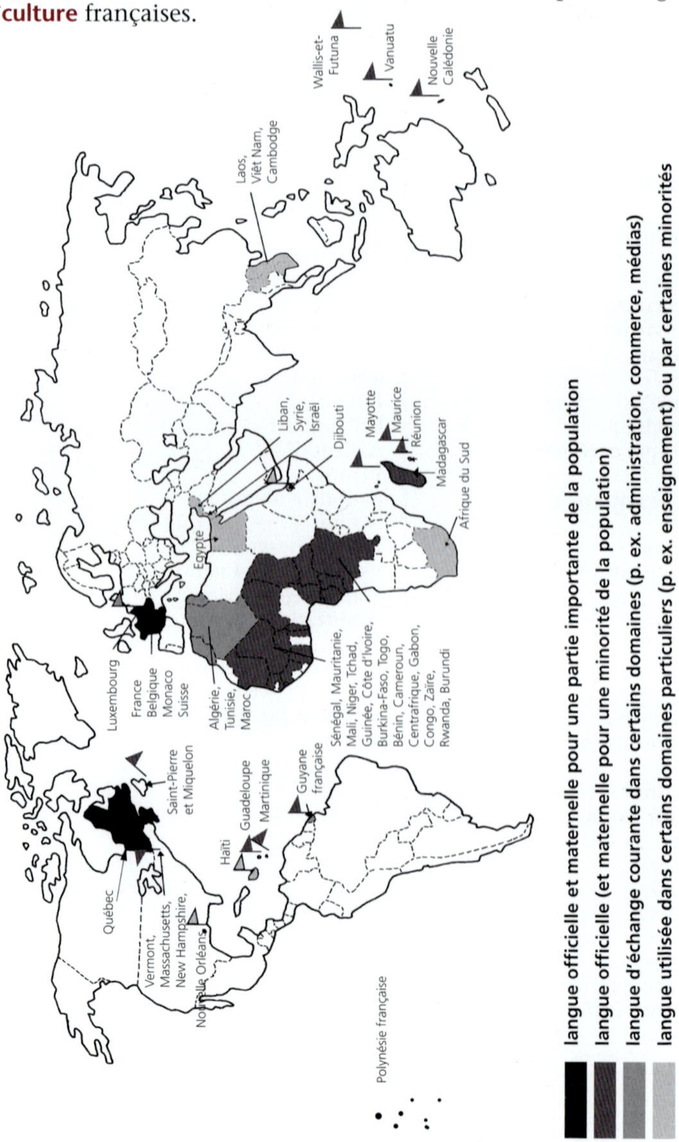

la francophonie	französischsprachige Welt
un espace linguistique	Sprachraum
une communauté	(Völker)Gemeinschaft → ***E*** *community*

Le français est **langue maternelle** dans plusieurs pays ou régions d'Europe (France, **Suisse romande**, **Wallonie**, Luxembourg), mais l'**expansion** ***coloniale** l'a aussi **propagé** sur les autres ***continents**. Son **statut** n'est pas le même dans tous les pays : il peut être **langue officielle**, **administrative**, langue des médias, d'**enseignement**, ou **langue véhiculaire**. Dans certains cas, il permet la **communication** nationale et internationale, et **facilite** ainsi l'**accès** au développement technique et à la **promotion** sociale. De nouvelles **données** politiques ou une **conscience** approfondie de l'identité nationale font pourtant **reculer** l'**usage** du français dans certains pays, tels que l'Algérie.

En plus des dimensions linguistique et culturelle, la francophonie a également des **implications** politiques : après la **décolonisation**, la France a gardé des **relations** privilégiées avec ses anciennes **possessions**, notamment en Afrique. La plus grande part de l'**aide financière accordée** par la France aux **pays en voie de développement** est destinée à l'Afrique noire. De plus, les **coopérants** français **fournissent** aux pays **francophones** du **Tiers-Monde** une **assistance** technique, économique et culturelle.

Le français est, avec l'anglais, **langue de travail** de l'**ONU**. Il est aussi utilisé par certains pays lors des réunions internationales. Chaque année, les « **sommets** de la francophonie » réunissent les chefs d'Etats des nations concernées. Leur but est de créer et d'**animer** une zone francophone linguistique et culturelle, mais aussi économique et ***technologique**. Ils permettent en outre d'établir des contacts **informels** entre leurs différents **représentants**, et d'**intensifier** le **dialogue Nord-Sud**.

la langue maternelle	Muttersprache
la Suisse romande	französischsprachige Schweiz
la Wallonie	Wallonien (französischsprachiges Belgien)
une expansion	Ausdehnung
propager	ver-, ausbreiten
un statut	Stellung, Status
une langue officielle	Amtssprache
une langue administrative	Verwaltungssprache
une langue d'enseignement	Unterrichtssprache
une langue véhiculaire	Verkehrssprache
la communication	Verständigung
faciliter	erleichtern → *facile*
un accès	Zugang → *accéder à*
la promotion	*hier:* Aufstieg
les données *f*	Gegebenheit, Tatsache
la conscience	Bewusstsein
reculer	zurückgehen
l'usage *m*	Gebrauch
une implication	Auswirkung, Folge
la décolonisation	Entkolonisierung
une relation	Beziehung
une possession	Besitzung → *posséder*
une aide financière	finanzielle Hilfe
accorder qc à qn	gewähren, bewilligen
un pays en voie de développement	Entwicklungsland
un,e coopérant,e	Entwicklungshelfer/in
fournir	liefern, zur Verfügung stellen
francophone	französischsprachig → *germanophone; deutschsprachig*
le Tiers-Monde	Dritte Welt
une assistance	Unterstützung, Hilfe → *assister qn*
une langue de travail	Arbeitssprache
l'ONU *f* (Organisation des Nations Unies)	UNO
un sommet	Gipfel
animer	mit Leben erfüllen, in Schwung bringen
informel,le	informell, nicht institutionalisiert
un,e représentant,e	Vertreter/in
intensifier	ausbauen, intensivieren
le dialogue Nord-Sud	Nord-Süd-Dialog

a) Ajoutez les préfixes appropriés et puis traduisez les mots en allemand.

con– (2x), dé–, dés–, dis–, entre–, re–, ré– (2x), sur–

1. la ______ novation ______
2. la ______ parité ______
3. ______ couper ______
4. le ______ équilibre ______
5. ______ passer ______
6. la ______ fédération ______
7. la ______ conciliation ______
8. ______ monter ______
9. ______ lancer ______
10. ______ vaincre ______

b) Ajoutez les suffixes appropriés et puis traduisez les mots en allemand.

–age, –ance, –ant, –ique, –isme, –ment (2x), –té, –tion (2x)

1. un rapproche ______ ______
2. pacif ______ ______
3. une assist ______ ______
4. un coopér ______ ______
5. un antagon ______ ______
6. une consulta ______ ______
7. une communau ______ ______
8. une résolu ______ ______
9. un jumel ______ ______
10. un investisse ______ ______

c) **Complétez les phrases suivantes par les mots ci-dessous.**

abolissent – aéronautique – bilingues – citoyenneté – constitution – domination – échanges – élections municipales – exportations – grandes entreprises – importations – jumelages – mondialisation – pays membre – résident – réunification – union

1. Le programme de l'OFAJ comprend des ________________ scolaires et des ________________.
2. Certains lycées proposent à leurs élèves des filières ________________.
3. Les Français ont accueilli la ________________ de l'Allemagne avec une certaine méfiance.
4. Lorsque les ________________ dépassent les ________________, la balance des paiements est en déficit.
5. A l'heure de la ________________, les fusions entre ________________ européennes se développent rapidement.
6. Les partenaires d'Airbus industrie veulent faire face à la ________________ des Etats-Unis dans le domaine de l'________________.
7. L'________________ politique de l'Europe aboutira peut-être un jour à une ________________ européenne.
8. Le Traité de Maastricht fixe les bases d'une ________________ européenne.
9. Tous les citoyens des ________________ de l'UE peuvent participer aux ________________ dans le pays où ils ________________.
10. Les accords de Schengen ________________ les contrôles aux frontières entre certains pays.

Technologies modernes

Les télécommunications

La communication téléphonique

Jusqu'à ces dernières années, le ***téléphone** était un objet **fixe** : on pouvait ***téléphoner** de son **appareil** personnel, avec ou sans **fil**, ou encore d'un **publiphone** (cabine téléphonique) en utilisant une **télécarte**. On pouvait éventuellement **laisser un message** à un **interlocuteur** absent, s'il avait **branché** son **répondeur automatique**.

Au tournant du XXIe siècle, l'apparition de la **téléphonie cellulaire** a constitué une véritable révolution et profondément **bouleversé** les habitudes en matière de communication téléphonique. Le **portable** a connu dès ses débuts un succès commercial **fulgurant**. Le **combiné**, muni d'une ***antenne** pour **capter** les **ondes radio**, est ***miniaturisé** à l'extrême, ce qui permet de l'emporter partout. Prévu au départ pour téléphoner, le portable permet aussi de jouer à des **jeux électroniques** ou d'échanger des **textos**, et pourra même, dans certains cas, remplacer l'ordinateur en permettant l'**accès** à Internet (WAP). Le côté ***pratique** du téléphone portatif et son aspect **ludique** lui garantissent un grand nombre d'**utilisateurs**, mais ce phénomène comporte aussi certains inconvénients. Les **sonneries** incessantes et les conversations **à haute voix** constituent une « **pollution sonore** » dans certains lieux publics.

Les accidents de voiture liés à l'utilisation d'un portable sont si nombreux qu'une loi oblige maintenant les automobilistes à se servir d'un **kit mains libres** pour téléphoner depuis leur véhicule.

***Multiplex**, visiophones et fax*

Si les **réseaux téléphoniques** servent toujours, en premier lieu, à transmettre des ***conversations**, leur utilisation s'est **diversifiée**, notamment avec l'apparition de la **télématique** et de la **télécopie**.

En **montant** plusieurs téléphones en réseau, on peut aujourd'hui organiser des **audioconférences** en multiplex entre plusieurs personnes. Des **visiophones**, munis d'un écran et d'une ***caméra**, permettent d'**établir** entre les **abonnés** une **connexion** à la fois **auditive** et ***visuelle**. Le ***fax** (la télécopie) fait parvenir en quelques secondes des textes ou des images en ***fac-similé** à l'autre bout de la planète.

les télécommunications *f*	Fernmeldewesen
la communication téléphonique	Telefonverkehr, Fernsprechverbindung
fixe	fest, stationär ➜ ≠ *mobile*
un appareil	Apparat, Gerät
un fil	Draht, Faden ➜ ⚠ *le fils; Sohn*
un publiphone	öffentl. Kartentelefon
une télécarte	Telefonkarte
laisser un message	eine Nachricht hinterlassen
un,e interlocuteur, -trice	Gesprächsteilnehmer/in
brancher	anschalten, einstecken ➜ ≠ *débrancher*
un répondeur automatique	Anrufbeantworter
la téléphonie cellulaire	Telefonieren über Funk
bouleverser	grundlegend verändern
un portable	Handy
fulgurant,e	durchschlagend
le combiné	Hörer
capter	empfangen
une onde radio	Funkwelle
un jeu électronique	elektronisches Spiel
un texto	SMS ➜ = *un SMS/un mini-message*
un accès	Zugang
ludique	Spiel-
un,e utilisateur, -trice	Benutzer/in ➜ *utiliser*
une sonnerie	Klingeln; Klingelanlage
à haute voix	laut ➜ ≠ *à voix basse*
une pollution sonore	Lärmbelästigung
un kit mains libres	Freisprechanlage
le multiplex	Multiplex(system), Konferenzschaltung
le réseau téléphonique	Telefonnetz
se diversifier	vielseitiger werden
télématique	Datenfernübertragung
une télécopie	Fax
monter	*hier:* schalten
une audioconférence	Telefonkonferenz
un visiophone	Bildtelefon
établir	herstellen, errichten
un,e abonné,e	*hier:* (Gesprächs)Teilnehmer
une connexion	Verbindung ➜ *connecter*
auditif, -ve	Hör-, auditiv

Satellite et câble

Les **satellites de communication** sont des **engins spatiaux** placés en orbite par des fusées afin d'assurer les communications **à distance**. Ils permettent notamment de **desservir** les ***téléphones mobiles**. Ces satellites, dits ***géostationnaires** car ils gardent toujours la même position par rapport à la Terre, reçoivent les **ondes** de l'**appel téléphonique** et les transmettent par l'intermédiaire d'un **central téléphonique** au numéro appelé.

Les ***câbles** en **fibres optiques**, qui **acheminent** l'information sous forme de lumière, concurrencent la télécommunication par satellite, surtout pour les appels **longue distance** et ***transocéaniques**.

L'UMTS (Universal Mobile Telephone System)

Cette technique permettra dans un avenir proche l'apparition d'une nouvelle génération de téléphones portatifs, comportant des écrans grâce auxquels il sera possible de **consulter** une multitude de **services**. On pourra ainsi depuis son portable ***dialoguer** avec son ordinateur ou son **agenda électronique** et même avec des **appareils domestiques**, et organiser à distance certaines tâches quotidiennes. Les **notions** de télécommunication, d'***audiovisuel** et d'***informatique** se réuniront alors pour former un tout, le ***multimédia**.

L'aéronautique

Au cours du 20e siècle, les progrès de l'aéronautique ont fait de l'**avion** un **moyen de transport** sûr, confortable et rapide, permettant de **franchir** sans **escale** des ***distances** de plus en plus grandes. Les **avions à réaction** ont en grande partie remplacé les **avions à hélices** aujourd'hui réservés aux courtes distances et aux **moyens-courriers**. Le Concorde, seul **avion de ligne supersonique**, peut voler à ***Mach 2** (deux fois la **vitesse du son**), et **relie** Paris à New York en 3 heures.

L'**aviation commerciale**, qui ne concernait à ses débuts que quelques privilégiés, est à présent très développée, et les **compagnies aériennes**, de plus en plus nombreuses, ***transportent** un nombre toujours croissant de ***passagers**, que ce soit sur les **vols de ligne** ou **à bord** des ***charters**, qui adaptent leur **fréquence** à la demande des **agences de voyages**.

Les coûts liés à la **construction aéronautique** sont extrêmement élevés. Aujourd'hui, deux ***constructeurs** (Airbus et Boeing) se partagent le marché mondial. A l'heure actuelle, le plus gros avion est le B 747,

un satellite de communication	Kommunikationssatellit
un engin spatial	Raumfahrzeug
à distance	Fern-, aus der Ferne
desservir	*hier:* versorgen, unterhalten
une onde	Welle ➜ ⚠ *une vague; (Wasser)Welle*
un appel téléphonique	Telefonanruf
un central téléphonique	Telefonzentrale
une fibre optique	Glasfaser
acheminer	weiterleiten, befördern ➜ *l'acheminement m*
longue distance	Langstrecken-, (über) lange Strecken ➜ ≠ *courte distance*
consulter	be-, abfragen
un service	Dienst(leistung)
un agenda électronique	Organizer ➜ *un agenda; Notizbuch*
un appareil domestique	Haushaltsgerät
une notion	Begriff
l'aéronautique *f*	Luftfahrt
un avion	Flugzeug
un moyen de transport	Verkehrsmittel
franchir	zurücklegen, überwinden
une escale	Zwischenlandung ➜ *faire escale*
un avion à réaction	Düsenflugzeug
un avion à hélice	Propellerflugzeug
les moyens-courriers *m*	Mittelstreckenflüge
un avion de ligne	Linienflugzeug, -maschine
supersonique	Überschall-
la vitesse du son	Schallgeschwindigkeit
relier	verbinden
l'aviation *f* commerciale	Verkehrsluftfahrt
une compagnie aérienne	Fluggesellschaft
un vol de ligne	Linienflug
à bord de	an Bord
la fréquence	Häufigkeit ➜ *fréquent,e*
une agence de voyages	Reisebüro
la construction aéronautique	Flugzeugbau

un **quadriréacteur** adapté aux **longs-courriers**. Avec une longueur de 70 mètres et une **envergure** de 65 mètres, il permet de transporter jusqu'à 500 passagers, et sa **vitesse de croisière** est supérieure à 900 km/h. Pour faire concurrence à ce **gros-porteur**, Airbus est en train de **mettre au point** l'A 380, un très gros-porteur qui offrira de la place à plus de 650 personnes.

Parmi les problèmes liés à l'augmentation permanente du **trafic** aérien, il faut citer la pollution (on considère l'**altitude de croisière** des avions commerciaux comme très **néfaste** à la couche d'ozone) et la **saturation** des **espaces aériens**, notamment aux **abords** des grands **aéroports**.

La conquête spatiale

Les ***fusées***

Propulsées par des **combustibles liquides** ou *__solides__, les fusées comportent généralement plusieurs étages, qui fonctionnent l'un après l'autre avant d'être **largués**. Elles servent à placer des *__satellites__, des **stations orbitales** ou des **navettes spatiales** en **orbite** autour de la Terre ou à **lancer** dans l'**espace** des **sondes d'exploration** du **système solaire**.

La **recherche spatiale** européenne a donné naissance à la fusée Ariane V, un **lanceur** géant dont les **tirs** s'effectuent à partir de la *__base__ de Kourou, en Guyane.

Les satellites

On distingue plusieurs sortes de satellites :

- Les **satellites d'observation**, qui **transmettent** aussi bien des **indications** géographiques ou *__météorologiques__ que des **renseignements** d'ordre scientifique ou militaire (on parle alors de **satellites-espions**).
- Les satellites servant de *__relais__ pour les télécommunications. C'est grâce à eux que l'on peut téléphoner dans le monde entier ou capter les chaînes de télévision de tous les pays.
- Les **satellites de localisation**. Ils permettent de **déterminer** à tout moment et avec une grande *__précision__ la *__position__ exacte d'un véhicule (avion, bateau, voiture) grâce au **GPS**.

un quadriréacteur	Vierstrahler
un long-courrier	Langstreckenflug
une envergure	Spannweite
la vitesse de croisière	Reisegeschwindigkeit
un gros-porteur	Großraumflugzeug
mettre au point	entwickeln, ausarbeiten ➜ = *développer*
le trafic	Verkehr ➜ ***E*** *traffic*
l'altitude *f* de croisière	Reiseflughöhe
néfaste	schädlich
la saturation	Sättigung, Überlastung
un espace aérien	Luftraum
aux abords *m* de qc	in unmittelbarer Umgebung/Nähe von
un aéroport	Flughafen ➜ ⚠ *un aérodrome; Flugplatz*
une fusée	Rakete
propulser	antreiben
un combustible	Brennstoff
liquide	flüssig ➜ ≠ *solide; fest*
larguer	abwerfen, absetzen
une station orbitale	Raum-, Orbitalstation
une navette spatiale	Raumfähre
un orbite	Umlaufbahn
lancer	(ab)schießen ➜ *un lancement*
l'espace *m*	(Welt)Raum ➜ ***E*** *space*
une sonde d'exploration	Forschungssonde
le système solaire	Sonnensystem
la recherche spatiale	Weltraumforschung
un lanceur	Trägerrakete
un tir	Abschuss, Start ➜ *tirer*
un satellite d'observation	Beobachtungssatellit
transmettre	übermitteln, -senden
une indication	Angabe, Hinweis
un renseignement	Auskunft, Information
un satellite-espion	Spionagesatellit
un satellite de localisation	Ortungssatellit
déterminer	bestimmen
GPS	Global Positioning System (GPS)

Au moment de la **mise en orbite**, la fusée transmet sa vitesse au satellite : ce dernier n'a donc pas besoin de moteur pour continuer sa **course**. Il est cependant **muni** de moteurs **auxiliaires** qui permettent d'effectuer une éventuelle **correction de trajectoire**. L'URSS a été le premier pays à envoyer un satellite dans l'espace, et c'est aussi un Russe qui, le premier, a **gravité** autour de la Terre. Mais c'est Armstrong, un Américain, qui le premier, a **posé le pied** sur notre seul ***satellite naturel**, la Lune.

Les sondes
Elles ont pour mission d'**explorer** l'espace, d'observer les autres **corps célestes** du système solaire et d'approfondir notre connaissance des **planètes** les plus proches. Equipées d'**appareils** extrêmement **performants**, elles ont permis de réaliser des photographies dont l'***analyse** est précieuse pour la compréhension de l'**Univers**.

Les stations orbitales
La première station de ce type a été la station spatiale russe Mir. Pendant 15 ans, de nombreux **vaisseaux convoyeurs** sont venus s'y **connecter**, amenant des **équipes scientifiques** qui y restaient un certain temps avant d'être **relayées**. En tout, 104 ***cosmonautes** ont **séjourné** a bord de Mir pour y réaliser diverses **expériences**.

La Station spatiale internationale (SSI), programme **ambitieux** mené par plusieurs pays, est actuellement en construction. Elle comportera des **laboratoires de l'espace** où travailleront des **astronautes-chercheurs**. On pourra aussi y étudier le **comportement** de l'***organisme** pendant des séjours **prolongés** dans l'espace. Les renseignements recueillis permettront peut-être d'envisager dans un proche avenir des **vols habités** vers Mars.

la mise en orbite	das in eine Umlaufbahn bringen
la course	(Um)Lauf ➜ ⚠ *le cours; Kurs/la cour; Hof*
munir	ausrüsten, ausstatten
auxiliaire	Hilfs- ➜ ***E*** *auxiliary*
une correction de trajectoire	Kurskorrektur
graviter autour	kreisen um
poser le pied sur qc	den Fuß auf etw. setzen
explorer	erforschen ➜ *l'exploration f*
un corps céleste	Himmelskörper
une planète	Planet
un appareil	Gerät, Apparat
performant,e	leistungsfähig
l'Univers ***m***	Universum
un vaisseau convoyeur	Verpflegungs(raum)schiff
se connecter	andocken
une équipe scientifique	Wissenschaftsteam
relayer	ablösen
séjourner	sich aufhalten ➜ *le séjour*
une expérience	Versuch, Forschungsvorhaben
ambitieux, -se	ehrgeizig ➜ *l'ambition f*
un laboratoire de l'espace	Raumlabor
un astronaute-chercheur	Wissenschaftsastronaut
le comportement	Verhalten
prolongé,e	ausgedehnt,
un vol habité	bemannter (Raum)Flug

La biotechnologie

On rassemble sous le nom de **génie génétique** l'ensemble des techniques liées à l'analyse et à la ***manipulation** de l'**ADN** qui contient le **code génétique** de tout ***organisme** vivant, dans le but de **modifier** les caractères **héréditaires** de celui-ci. Après avoir réussi, il y a peu de temps, à **décrypter** le ***génome** de quelques organismes de structure simple, les chercheurs tentent maintenant de découvrir toutes les ***fonctions** de chacune des 23 paires de ***chromosomes** humains.

*Les **OGM** (organismes génétiquement modifiés)*
Produits **expérimentaux** de la recherche agricole, les végétaux **transgéniques** (dont on a transformé le **patrimoine génétique** en y **introduisant** de nouveaux **gènes**) sont très **controversés**. Certains y voient la solution d'avenir pour l'agriculture : ils veulent créer des plantes résistantes aux ***virus**, aux insectes, aux climats froids ou **arides**, et augmenter le **rendement** des **surfaces cultivées** tout en limitant l'emploi des **engrais** et des **pesticides** qui polluent la **nappe phréatique**.

Mais une majorité de consommateurs est **hostile** aux OGM, et ce pour différentes raisons :

- On peut craindre l'apparition d'***allergies** et de maladies inconnues.
- Le gène modifié peut se **transmettre** accidentellement à une autre plante.
- On risque un **appauvrissement** du patrimoine naturel, et la **disparition** de certaines espèces.

La thérapie génique
Le **transfert de gènes** permet déjà de produire certains médicaments (insuline, hormones ou **vaccins**, p. ex.) en grande quantité pour un coût relativement bas. Dans un avenir proche, l'industrie ***pharmaceutique** pourra vraisemblablement proposer aux malades des médicaments **sur mesure**, adaptés à la **sensibilité** génétique de chaque ***patient**, et éviter ainsi des **effets secondaires** indésirables.

Le clonage
Le clonage est une technique qui permet d'obtenir, par manipulation d'une **cellule**, un ou plusieurs ***individus** génétiquement ***identiques** à l'individu père. Tous les ***clones** d'un même organisme sont des **copies conformes** de celui-ci. Le clonage de végétaux est une technique bien **maîtrisée** et fréquemment utilisée. En 1996, la **naissance** de la **brebis** Dolly, premier clone d'un **mammifère** adulte, a marqué une ***étape** décisive dans l'histoire de la **science**.

le génie génétique	Gentechnik
l'ADN	DNA (Desoxyribonukleinsäure)
le code génétique	genetischer Code, Erbgut
modifier	(ver)ändern ➜ *une modification*
héréditaire	Erb-
décrypter	entschlüsseln
les OGM *m*	gentechnisch veränderte Organismen
expérimental,e	experimentell, Versuchs-
transgénique	genmanipuliert
le patrimoine génétique	Erbgut
introduire	einführen, -pflanzen ➜ *une introduction*
un gène	Gen
controversé,e	umstritten, strittig
aride	trocken ➜ ≠ *humide*
le rendement	Ertrag
une surface cultivée	Anbaufläche
un engrais	Dünger
un pesticide	Schädlingsbekämpfungsmittel
la nappe phréatique	Grundwasser
hostile	feindlich ➜ ≠ *amical,e*
transmettre	übertragen
un appauvrissement	Verarmung ➜ *appauvrir*
la disparition	Verschwinden, Aussterben ➜ *disparaître*
la thérapie génique	Gentherapie
le transfert de gènes	Gentransfer, -übertragung
un vaccin	Impfstoff ➜ *vacciner qn*
sur mesure	maßgeschneidert
la sensibilité	Empfindlichkeit
un effet secondaire	Nebenwirkung
le clonage	Klonen
une cellule	Zelle
une copie conforme	getreues Abbild
maîtriser	meistern, beherrschen
la naissance	Geburt ➜ *naître; geboren werden*
une brebis	Schaf
un mammifère	Säugetier
la science	Wissenschaft ➜ *les sciences f; Naturwissenschaft(en)*

Il est certain que le clonage animal présenterait des **applications** pratiques d'un grand intérêt. Il permettrait par exemple d'**améliorer** le **bétail** en reproduisant en grand nombre des animaux aux qualités **exceptionnelles**, ou encore de modifier le génome d'un animal de façon à lui faire produire une ***substance** ayant un intérêt ***thérapeutique** pour l'homme. Mais ces progrès techniques **soulèvent** de nombreuses questions d'ordre ***éthique**. En effet, à partir du moment où il est devenu possible de ***cloner** des mammifères, on ne peut plus éviter d'**évoquer** le problème du clonage humain.

Des **expérimentations** ont déjà eu lieu dans ce domaine. Des chercheurs américains ont réussi à produire par clonage des ***embryons** humains et à obtenir ces **cellules souches** dans lesquelles les adeptes du **clonage thérapeutique** mettent tous leurs espoirs. Il est vrai qu'il est **tentant** d'imaginer une médecine **régénératrice** qui réparerait les **tissus** malades en **injectant** des cellules neuves, pas encore ***spécialisées** à la place des cellules mortes ou ***dégénérées**. Il deviendrait alors possible de vaincre certaines maladies **incurables** (comme la maladie de Parkinson ou certains cancers).

Mais les dangers d'une recherche ***incontrôlée** ou trop peu ***réglementée** sont **indéniables**. Il n'y a qu'un pas du clonage thérapeutique au clonage **reproductif**. Une **législation** et une **réglementation** très **strictes** sont nécessaires à l'échelle internationale, si on veut éviter la **commercialisation** du corps humain. Sinon, il se pourrait bien qu'un jour un embryon cloné soit utilisé comme **dépôt** d'organes, de cellules ou de **moelle osseuse** pour son **jumeau**.

L'informatique

L'informatique a **déclenché** la troisième révolution industrielle. En quelques années, les **puces électroniques** ont envahi notre vie : **appareils électroménagers**, jeux ***électroniques**, **calculettes**, **télécartes**, etc. Elles sont aujourd'hui si **répandues** qu'il est difficile d'**imaginer** ce qu'on ferait sans elles.

L'ordinateur

C'est un appareil électronique conçu pour **traiter** des informations selon un ***programme** développé par des **informaticiens** ou des **programmeurs**. Un système informatique **se compose** de deux éléments : le **matériel**, constitué par les pièces ***mécaniques** et électroniques de l'ordinateur, et le **logiciel**, c'est-à-dire l'ensemble des programmes nécessaires au **fonctionnement** de la machine. Il existe aujourd'hui plusieurs systèmes différents, dont certains sont ***compatibles**.

une application	Anwendung ➜ *appliquer*
améliorer	verbessern, veredeln ➜ *l'amélioration f*
le bétail	Vieh
exceptionnel,le	außergewöhnlich, einmalig ➜ *une exception; Ausnahme*
soulever (une question)	(eine Frage) aufwerfen
évoquer	heraufbeschwören, erinnern an
une expérimentation	Versuche, Experimentieren ➜ ☹ *Experiment; une expérience*
une cellule souche	Stammzelle
le clonage thérapeutique	Klonen zu Therapiezwecken
tentant,e	verlockend, reizvoll
régénérateur, -trice	regenerierend
un tissu	Gewebe
injecter	injizieren, einspritzen ➜ *une injection*
incurable	unheilbar
indéniable	unbestreitbar, nicht zu leugnen ➜ ***E** undeniable*
reproductif, -ive	zu Fortpflanzungszwecken ➜ *la reproduction*
la législation	Gesetzgebung
une réglementation	(gesetzliche) Regelung ➜ *réglementer*
stricte	streng, sehr genau
la commercialisation	Vermarktung, Kommerzialisierung
un dépôt	(Waren-)Lager, Aufbewahrungsort
la moelle osseuse	Knochenmark
un jumeau	Zwilling
l'informatique *f*	Informatik, Datenverarbeitung
déclencher	auslösen
une puce électronique	Chip
un appareil électroménager	Haushaltsgerät
une calculette	Taschenrechner
une télécarte	Telefonkarte
répandu,e	verbreitet
(s')imaginer qc	sich etw. vorstellen ➜ *l'imagination f*
un ordinateur	Computer
traiter	verarbeiten
un,e informaticien,ne	Informatiker/in
un,e programmeur, –euse	Programmierer/in
se composer de	sich zusammensetzen aus
le matériel	Hardware
le logiciel	Software
le fonctionnement	Betrieb, Ablauf, Funktionieren

L'ordinateur est équipé d'une **unité de traitement**, qui **commande** le système et **effectue** toutes les ***opérations**. Elle comporte un ***microprocesseur** qui organise la circulation des **données**, et des **mémoires** électroniques capables de **stocker** ces données : la **mémoire morte** réunit les données qu'on ne peut ni **effacer**, ni **modifier** ; la **mémoire vive**, qui contient les données en cours de **traitement**, se **vide** quand on **éteint** l'ordinateur.

En plus de l'unité centrale, le **boîtier** de l'ordinateur comprend un **disque dur** destiné au **stockage** des données, ainsi qu'un ou plusieurs **lecteurs de disquettes** et un **lecteur de CD-ROM** ou de DVD. Le succès de ces disques compacts est dû à leur immense capacité de stockage, ainsi qu'au fait qu'on peut facilement **graver** soi-même un **CD vierge**, à condition d'être équipé d'un **graveur de CD-ROM**.

Il arrive que des ***virus contaminent** les programmes, ce qui entraîne la **modification** ou même l'**effacement** des **fichiers**. Pour limiter les **dégâts**, on a mis au point des **programmes de protection** (ou programmes anti-virus), qui peuvent **détecter** et détruire les virus qu'ils connaissent.

Les périphériques d'entrée

Ils permettent d'introduire l'information dans la machine. L'**entrée des données** et les **instructions** se font à l'aide du **clavier**, de la **souris** (avec laquelle on **déplace** un **curseur** ou une **flèche** sur l'**écran**, p. ex.) ou de la **manette de jeu**. Le ***scanner** permet de **visualiser** des textes ou des images. Grâce à la **caméra numérique**, on peut introduire dans l'ordinateur des données ***visuelles** (films ou photos).

Le logiciel **fournit** les informations au microprocesseur en **langage informatique** (BASIC ou FORTRAN, p. ex.) ; celui-ci les traduit en **langage machine**, c'est-à-dire en un code ***binaire** utilisant les chiffres 0 et 1, appelés ***bits** ; les groupes de huit bits sont **nommés octets**. Les **impulsions** électriques sont transmises à travers des **circuits imprimés**, dont les puces constituent les principaux **composants**.

une unité de traitement	Zentraleinheit (CPU)
commander	steuern
effectuer	ausführen
les données *f*	Daten
une mémoire	*hier:* Speicher → ***E** memory*
stocker	(ab)speichern
la mémoire morte	Festspeicher, Lesespeicher (ROM)
effacer	löschen
modifier	(ver)ändern
la mémoire vive	Schreib-Lese-Speicher (RAM)
le traitement	Verarbeitung
se vider	sich leeren → *vide; leer*
éteindre	ausschalten → ≠ *allumer*
le boîtier	Gehäuse
un disque dur	Festplatte
le stockage	(Ab)Speichern
un lecteur de disquettes	Diskettenlaufwerk
un lecteur de CD-Rom	CD-Rom Laufwerk
graver	brennen
CD vierge	CD Rohling
graveur de CD-Rom	CD-Rom Brenner
contaminer	verseuchen → *la contamination*
une modification	Veränderung
l'effacement *m*	Löschen → *effacer*
un fichier	Datei
un dégât	Schaden
un programme de protection	Schutzprogramm
détecter	aufspüren
un périphérique d'entrée	Dateneingabegerät
l'entrée *f* des données	Dateneingabe
une instruction	Befehl
un clavier	Tastatur, Keyboard
une souris	Maus
déplacer	verschieben, verlegen; *hier:* bewegen
un curseur	Cursor
une flèche	Pfeil
un écran	Bildschirm
une manette de jeu	Joystick
visualiser	a. d. Bildschirm sichtbar machen
une caméra numérique	Digitalkamera
fournir	liefern
un langage informatique	Programmiersprache
le langage machine	Maschinensprache
nommer	nennen, bezeichnen
un octet	Byte
une impulsion	Impuls
un circuit imprimé	gedruckte Schaltung
un composant	Bauelement, Baustein

*Les **périphériques de sortie***
Les plus courants sont le **moniteur**, ou écran, et l'**imprimante**. Celle-ci peut être **matricielle**, à ***laser** ou à **jet d'encre**.

Les types d'ordinateurs
Pour les opérations très complexes, on fait appel à des **superordinateurs**. Les **ordinateurs personnels** sont en général **polyvalents** ; ils peuvent être ***programmés** avec différents logiciels : **traitement de texte**, **comptabilité**, etc. En plus de leur fonction d'**édition** (**sélectionner** un texte, **insérer** ou rechercher un passage, **couper** et **coller** etc.), les logiciels de traitement de texte offrent de nombreuses possibilités en ce qui concerne la ***présentation** et la **mise en page** des ***documents**. Ils sont également en mesure de créer des **lettres normalisées**, d'**afficher** des **graphiques** et de ***corriger** l'***orthographe**. Actuellement, on assiste à la fois à une **miniaturisation** des appareils et à une augmentation de leurs **performances**. C'est ainsi que sont nés les **ordinateurs portatifs** et les **micro-ordinateurs**.

Le **Minitel** est un ***terminal** composé d'un clavier et d'un petit écran. Très répandu en France, il permet, entre autres, d'**accéder** par le **réseau téléphonique** à des **banques de données** (**annuaire** du téléphone, services bancaires, horaires des trains) et à des **messageries**. Celles-ci offrent la possibilité de dialoguer avec d'autres **usagers**.

Le multimédia
On regroupe sous le nom de ***multimédia** la coopération de différents types de documents, essentiellement informatiques.

Les risques
Entreprises, administrations, et organismes divers peuvent stocker et **échanger** librement entre eux des informations de sorte que personne ne peut plus vraiment en contrôler le **flux**. Pour **protéger** les consommateurs contre les risques **liés** à l'**informatisation**, des **lois sur l'informatique** ont été votées. Une commission veille à ce que des informations contenues dans les **fichiers informatiques** restent **confidentielles**.

L'internet

Le ***web** est un réseau d'échanges entre ordinateurs. Il utilise le réseau téléphonique, le câble ou le satellite pour transporter des **données numériques**, grâce à un ***modem**. Un **fournisseur d'accès internet (FAI)** permet d'**accéder** au réseau par l'intermédiaire d'un **serveur**. Des **routeurs acheminent** les données vers le **destinataire**. Un **moteur de recherche** est nécessaire pour trouver un fichier précis ou une ***adresse internet** dans l'immense banque de données que représente le ***www**.

un périphérique de sortie	Datenausgabegerät
un moniteur	Monitor, Bildschirm
une imprimante	Drucker ➜ *imprimer*
une imprimante matricielle	Nadeldrucker
une imprimante à jet d'encre	Tintenstrahldrucker
un superordinateur	Groß-, Hochleistungsrechner
un ordinateur personnel	Personalcomputer, PC
polyvalent,e	vielseitig einsetzbar
le traitement de texte	Textverarbeitung
la comptabilité	Buchführung
l'édition *f*	*hier*: Bearbeitung
sélectionner	markieren
insérer	einfügen
couper	ausschneiden
coller	einfügen
la mise en page	Seite einrichten
une lettre normalisée	Standardbrief
afficher	anzeigen, einblenden
un graphique	Grafik
la miniaturisation	Verkleinerung, Miniaturisierung
la performance	Leistungsfähigkeit
un ordinateur portatif	Laptop
un micro-ordinateur	Mikrocomputer
le Minitel	*etwa:* Btx-Gerät
accéder	*hier:* Zugriff haben
le réseau téléphonique	Telefonnetz
une banque de données	Datenbank
un annuaire	Telefonbuch
une messagerie	Informationsdienst
un usager	Benutzer ➜ = *un utilisateur*
échanger	austauschen ➜ *un échange*
le flux	Fluss, Flut
protéger	schützen ➜ *la protection*
lié,e à	verbunden mit
l'informatisation *f*	Computerisierung; Umstellung auf EDV/Computer
une loi sur l'informatique	Datenschutzgesetz
un fichier informatique	elektronische Datenkartei
confidentiel,le	vertraulich
les données *f* numériques	digitale Daten
un fournisseur d'accès internet	Provider
accéder	gelangen
un serveur	Server
un routeur	Router, Netzknoten
acheminer	weiterleiten, befördern ➜ *un acheminement*
un,e destinataire	Empfänger/in
un moteur de recherche	Suchmaschine

Les **internautes naviguent** sur les **autoroutes de l'information** à l'aide d'un **navigateur** qui leur permet d'accéder aux données sous une **interface**. Grâce à l'***hypertexte** , ils peuvent se déplacer **en ligne** d'une page du **net** à l'autre. Il suffit de ***cliquer** sur les **liens** contenus dans un ***document** pour être transporté plus loin, dans le même document ou dans n'importe quel autre.

Il est aussi possible de **télécharger** les documents en **mode texte** pour les exploiter **hors-ligne**. De nombreux internautes créent leur propre **page d'accueil**, ou encore un **site web** personnel **connecté** à d'autres sites par des liens hypertextes.

La messagerie électronique
Le **courriel** est l'**outil** le plus utilisé d'internet. Les principaux avantages qu'il présente, par rapport au **courrier** traditionnel, sont sa rapidité d'**expédition** et son coût extrêmement bas, mais aussi sa **commodité** d'utilisation : on peut **relever son courrier** à distance en consultant sa **boîte aux lettres** électronique depuis un autre ordinateur, ou bien encore **expédier** simultanément des ***copies** d'un ***message** à différents destinataires. On peut également envoyer ***par e-mail** toutes sortes de fichiers électroniques (photos ***scannées**, logiciels, etc.) **en pièce jointe** à sa lettre. Le **m**essage **él**éctronique (ou « mel ») a rapidement développé un langage particulier : le style est **à mi-chemin** entre l'expression orale et écrite, et il existe des ***formules**, **abréviations** et ***symboles** (comme les ***smileys**) propres au net.

*Les *forums*
Ce sont des ***salons virtuels** où les internautes peuvent discuter entre eux sur un sujet précis. Il arrive parfois que la ***coordination** des débats soit assurée par un ***modérateur**. Le ***chat** (aussi appelé « causette » ou « tchatche en ligne ») donne aux utilisateurs la possibilité de ***dialoguer en temps réel** : le message **tapé** sur le clavier apparaît instantanément sur les écrans de tous les usagers connectés, qui peuvent alors répondre **en direct**. Des logiciels de ***vidéoconférence** permettent une communication entre plusieurs personnes, avec **son** et image, grâce à une ***webcaméra branchée** sur l'ordinateur.

Avantages et inconvénients du net
Faisant de la Planète un « ***village global** », l'internet est un instrument indispensable, à l'heure de la **mondialisation** : il offre l'avantage d'une communication ***ultrarapide** et bon marché, à l'échelle mondiale. Il crée de nombreux emplois, et il est à l'origine du développement du **télétravail**.

un,e internaute	Internet-Nutzer/in
naviguer	surfen
l'autoroute *f* de l'information	Datenautobahn
un navigateur	Browser
une interface	Benutzeroberfläche
en ligne	online
le net	Internet
un lien	Link
télécharger	downloaden
le mode texte	Textmodus
hors-ligne	offline
une page d'accueil	Homepage
un site (web)	Web-Site
connecter	verbinden → *une connexion*
la messagerie électronique	E-mail
le courriel (courrier électronique)	E-mail
un outil	Werkzeug
le courrier	Post, Korrespondenz
l'expédition *f*	Absendung, Verschickung
la commodité	Bequemlichkeit, Einfachheit
relever son courrier	Post abholen
une boîte aux lettres	Mailbox, Briefkasten
expédier	versenden
en pièce jointe	als/im Anhang
à mi-chemin	zwischen
une abréviation	Abkürzung, Kürzel
en temps réel	direkt, live
taper	tippen
en direct	direkt, unmittelbar
le son	Ton
brancher	anschließen → ≠ *débrancher*
la mondialisation	Globalisierung → *le monde; Welt*
le télétravail	Telearbeit

Rendant inutiles beaucoup de **déplacements**, il permet un **gain** de temps et d'argent considérable et évite, en partie, la pollution atmosphérique.

Mais le net pose aussi toute une série de problèmes : la ***cybercriminalité** est en hausse permanente. Il est très difficile de se protéger contre le **piratage informatique**. Les **pirates contournent** ou détruisent les protections et même les **barrières de sécurité** d'un logiciel ou d'un réseau pour **s'emparer** des données dans un but **malhonnête** ou y introduire des ***virus** qui causent des **dégâts** parfois très graves.

Par ailleurs, n'importe qui peut avoir accès, sur le web, à des services contraires à la **légalité** ou dangereux pour la jeunesse. L'idée d'un contrôle effectué par l'Etat est impossible à **mettre en pratique**. D'une part, une **régulation** ne serait effective que si elle était exercée au niveau international. D'autre part, elle est refusée par la plupart des internautes qui y voient une **atteinte** à la **liberté d'expression**.

La robotique

Produits de la **haute technologie**, les ***robots** sont des machines ***informatisées**, ***programmées** pour **reproduire** des mouvements humains. On les utilise pour effectuer des **tâches manuelles** : saisir, **visser**, **souder**, peindre, **assembler**, etc. De nombreux **servomoteurs**, **commandés** par des programmes **informatiques**, **actionnent** leurs bras **articulés**. Ils remplacent de plus en plus les ouvriers dans des secteurs comme l'industrie automobile, où ils présentent l'avantage de répéter de façon rapide, **continue** et très ***précise** des mouvements toujours ***identiques**, permettant ainsi une augmentation de la ***productivité** et une plus grande **régularité** dans la qualité des **produits finis**. De plus, ces machines à **commande numérique**, **pilotées** par ordinateur ou **télécommandées**, coûtent moins cher qu'un salarié, n'ont jamais besoin de vacances et ne tombent pas malades, ce qui les rend **indispensables**, aux yeux de leurs **utilisateurs**.

Certains robots ne font qu'exécuter des **opérations** « apprises » par **programmation**, d'autres sont capables de reproduire des **gestes** enregistrés sur bande magnétique. Actuellement, la robotique tente de développer des robots « intelligents », qui sauraient prendre des ***initiatives** et s'adapter à des conditions changeantes. Cependant, même si les robots sont doués d'une capacité de **traitement** de l'information de plus en plus grande, ils restent des machines dirigées par les hommes ; le robot capable de prendre des **décisions** et de **réfléchir** de façon ***autonome** reste une utopie des films de ***science-fiction**.

un déplacement	Fahrt, Reise
un gain	Gewinn → *gagner*
le piratage informatique	Softwarepiraterie, Datenraub
un pirate	*hier:* Hacker
contourner	umgehen
une barrière de sécurité	Firewall
s'emparer de	sich (widerrechtlich) aneignen
malhonnête	unlauter, unredlich → *la malhonnêteté*
un dégât	Schaden
la légalité	Gesetzlichkeit, Legalität
mettre en pratique	praktisch anwenden
une régulation	Regelung, Regulierung
une atteinte	Beeinträchtigung, Gefährdung → *atteindre*
la liberté d'expression	(Recht auf) freie Meinungsäußerung
la robotique	Robotertechnik
la haute technologie	Spitzentechnologie
reproduire	wiedergeben, reproduzieren → *la reproduction*
une tâche manuelle	manuelle Tätigkeit
visser	schrauben → *une vis; Schraube*
souder	schweißen
assembler	montieren, zusammenbauen → *l'assemblage m*
un servomoteur	Servomotor, Hilfsmotor
commander	steuern
informatique	Computer-, EDV-
actionner	betätigen, antreiben
articulé,e	beweglich-, mit Gelenken verbunden
continu,e	kontinuierlich, stetig
la régularité	Regelmäßigkeit, Gleichmäßigkeit
un produit fini	Fertigprodukt
une commande numérique	Digitalsteuerung, numerische Steuerung
piloter	steuern, lenken
télécommander	fernsteuern → *une télécommande*
indispensable	unentbehrlich, unverzichtbar
un,e utilisateur, -trice	Benutzer,-in → *utiliser, l'utilisation f*
une opération	Vorgang, Verrichtung
la programmation	Programmieren → *programmer*
un geste	Bewegung
le traitement	Verarbeitung
une décision	Entscheidung, Beschluss → *décider*
réfléchir	überlegen, (nach)denken → *la réflexion*

a) Traduisez en français.

1. Ich werde ihr ein SMS schicken.
2. Er hat sich ein Handy gekauft.
3. Airbus hat ein neues Großraumflugzeug entwickelt.
4. Die Überlastung der Lufträume schafft Probleme.
5. Raketen werden durch feste oder flüssige Brennstoffe angetrieben.
6. Ariane V, eine riesige Trägerrakete, hat einen Beobachtungssatelliten in eine Umlaufbahn gebracht.
7. Genmanipulierte Pflanzen sollen den Ertrag der Anbaufläche erhöhen.
8. Personalcomputer sind vielseitig einsetzbar.
9. Ein Vorteil des E-mail liegt in der schnellen Verschickung.
10. Die Wissenschaftsastronauten machen in ihrem Forschungslabor wichtige Experimente.

b) Traduisez en allemand.

1. Les robots, programmés pour effectuer des tâches manuelles, permettent d'augmenter la productivité.
2. Je lui ai envoyé des photos scannées en pièce jointe à mon e-mail.
3. La rapidité et la commodité d'utilisation d'internet ont favorisé le développement du télétravail.
4. Si tu ne veux pas rester en ligne, tu peux télécharger ton document pour l'exploiter hors-ligne.
5. Des consommateurs hostiles aux OGM ont détruit un champ de maïs transgénique.
6. J'ai acheté un kit mains libres pour pouvoir utiliser mon portable en conduisant.
7. La construction aéronautique a fait des progrès immenses depuis les premiers avions à hélice.
8. J'ai téléphoné à mon frère, mais comme il n'était pas là, je lui ai laissé un message sur son répondeur (automatique).

c) **Trouvez les mots qui conviennent.**

1. Avant de composer le numéro, il faut décrocher
   - ❑ l'écouteur.
   - ❑ l'auditeur.
   - ❑ le combiné.

2. Demain, je ne serai pas chez moi, mais tu peux essayer de me joindre sur mon
   - ❑ portable.
   - ❑ publiphone.
   - ❑ multiplex.

3. Le Boeing 747 est un avion
   - ❑ à hélice.
   - ❑ à réaction.
   - ❑ supersonique.

4. Une équipe d'astronautes européens va passer 3 mois à bord de la
   - ❑ sonde d'observation.
   - ❑ navette spatiale.
   - ❑ station orbitale.

5. Les OGM sont des organismes dont on a modifié le
   - ❑ patrimoine génétique.
   - ❑ transfert de gènes.
   - ❑ clonage thérapeutique.

6. Le génome humain n'a pas encore été totalement
   - ❑ maîtrisé.
   - ❑ injecté.
   - ❑ décrypté.

7. L'ensemble des programmes nécessaires au fonctionnement de l'ordinateur s'appelle
   - ❑ le logiciel.
   - ❑ le matériel.
   - ❑ la calculette.

8. Tu peux me prêter ce CD ? J'aimerais bien me le
   - ❑ télécharger.
   - ❑ graver.
   - ❑ brûler.

9. Les utilisateurs de l'internet sont appelés
   - ❑ interactifs.
   - ❑ internautes.
   - ❑ navigateurs.

10. Les mels sont aussi nommés
    - ❑ courriel.
    - ❑ coureur.
    - ❑ courrier.

1 Géographie

a) 1. superficie, carrés – 2. sommet, élevé – 3. fleuves – 4. doux, frais, pluvieux – 5. densité – 6. planification, natalité – 7. exode rural, dépeuplée – 8. sièges sociaux, gestion, entreprises – 9. pollution atmosphérique, irrespirable – 10. piétonnières, lèche-vitrine – 11. patrimoine – 12. loyer – 13. assainissement, au détriment – 14. secteur tertiaire, cols – 15. centre de gravité

b) 2. entretenir, l'entretien *m* – 3. limiter, la limitation – 4. la pluie, pluvieux, -euse – 5. long, longue, la longueur – 6. vieux, vieille, vieillir – 7. dense, la densité – 8. le cinéma, un,e cinéaste – 9. urbain,e, l'urbanisation *f* – 10. fermer, la fermeture – 11. ouvrir, l'ouverture *f* – 12. (s')arrêter, un arrêt – 13. créer, un,e créateur, -trice – 14. vite, la vitesse – 15. un,e citadin,e, la cité – 16. habiter, un,e habitant,e – 17. un voyage, un,e voyageur, -euse – 18. offrir, une offre

2 Histoire

a) 1. Im 16. Jahrhundert stehen sich Katholiken und Hugenotten in den Religionskriegen (als Feinde) gegenüber. – 2. Ludwig XIV., Herrscher / Monarch von Gottes Gnaden, verfügt über die absolute Macht. – 3. Hungersnot und Steuererhöhung lösen Unruhen unter dem Volk aus. – 4. Als Folge der Französischen Revolution, werden die Privilegien / Vorrechte der Adligen und des Klerus abgeschafft. – 5. Nach siegreichen Feldzügen wird Napoleon bei Waterloo besiegt. – 6. Die Schlacht forderte in beiden Lagern zahlreiche Opfer. – 7. Die Bürgerkriege dezimierten die Bevölkerung und ruinierten das Land. – 8. Der Widerstand, der in geheimen Widerstandsgruppen organisiert war / sich in geheimen Widerstandsgruppen organisiert hatte, setzte den Kampf gegen die Besatzer fort. – 9. Die Wirtschaftskrise zwang die Regierung, soziale Reformen in Angriff zu nehmen. – 10. Die Gewerkschaften fordern eine Verkürzung der wöchentlichen Arbeitszeit.

b) 1. Napoléon Ier a été sacré empereur en 1804. – 2. Un armistice a mis fin aux hostilités. – 3. Le président a signé le traité de paix. – 4. Le pays a été occupé et divisé en plusieurs zones. – 5. La liberté de la presse est garantie dans / par la constitution. – 6. Les ouvriers manifestent devant l'usine. – 7. Ils réclament / revendiquent une réduction du temps de travail et de meilleures conditions de travail. – 8. Les syndicats luttent pour le droit de grève. – 9. La population attend toujours l'essor économique. – 10. La prospérité pour tous était un but prioritaire du gouvernement. – 11. En 2002, les partis de droite sont sortis vainqueurs des élections. – 12. Le gouvernement n'a pas obtenu de succès décisif dans la lutte contre le chômage.

c) Mindmap

3 Politique

a) 1. irresponsable – 2. un assassinat – 3. l'indépendance *f* – 4. un succès – 5. une émeute – 6. le déséquilibre – 7. la minorité – 8. revendiquer – 9. plaider non-coupable – 10. le scrutin – 11. un témoin à décharge – 12. pro-européen,ne – 13. la politique extérieure – 14. un trafiquant de drogue – 15. la décentralisation / la régionalisation – 16. l'inégalité *f* – 17. souhaiter – 18. acquitter qn – 19. une peine de prison avec sursis – 20. un verdict

b) une manifestation, manifester – la défense, Verteidigung – Wahl, élire / un,e électeur, -trice – Einbruch, cambrioler / un,e cambrioleur, -euse – un vol, voler /un,e voleur, -euse – une décision, Entscheidung / Beschluss – l'administration *f*, Verwaltung – Mörder, assassiner / un assassinat – l'économie *f*, économique – Richter/in, juger / un jugement – un témoin, témoigner – la responsabilité, Verantwortung – la loi, Gesetz – Betrug, frauder / un fraudeur – le chantage, faire chanter / un maître-chanteur – Sicherheit, sûr,e / l'insécurité *f* – Mörder/in, un meurtre

4 Economie

a) 1. le chômage, Arbeitslosigkeit – 2. une affluence, Zustrom – 3. la menuiserie, Schreinerei / Tischlerei– 4. un investissement, Investition – 5. artistique, künstlerisch – 6. un agriculteur, Landwirt – 7. un économiste, Wirtschaftsfachmann – 8. artisanal, handwerklich – 9. un pâtissier, Konditor – 10. la diminution, Verringerung / Abbau – 11. un fonctionnaire, Beamter – 12. une marchandise, Ware – 13. compétitif, wettbewerbsfähig – 14. un employeur, Arbeitgeber – 15. défavorable, ungünstig – 16. le développement, Entwicklung – 17. une indemnité, Vergütung / Entschädigung – 18. l'indépendance *f*, Unabhängigkeit – 19. un mécanicien, (Auto)-Mechaniker – 20. une consommatrice, Verbraucherin

b) 1. quinquennal – 2. syndicat – 3. fonctionnaire – 4. chômeur – 5. économiste – 6. patronat – 7. manœuvre – 8. licenciement – 9. salarié – 10. boulanger
mot-clé : entreprise

5 Ecologie

a) la pollution, polluer – l'intervention *f*, intervenir – la perturbation, perturber – le souci, se soucier de – l'amélioration *f*, améliorer – la culture, cultiver – la plante, planter – le recyclage, recycler / le retraitement, retraiter – l'émission *f*, émettre – le développement, développer – la sécheresse, (se) dessécher – l'irritation *f*, irriter – le poison, empoissonner – l'irradiation, irradier – la contamination, contaminer – l'accélération, accélérer – la lutte, lutter – la réduction, réduire – la protection, protéger

b) 1. désert – 2. décharge – 3. toxique – 4. conifère – 5. fertile – 6. détergent – 7. destruction – 8. pétrolier – 9. potable – 10. solaire – 11. chercheur – 12. protection – 13. pollueur – 14. marée noire – 15. inondation – 16. détritus

6 Sociéte

a) 1. obligatoire – 2. passent le bac – 3. faire des études – 4. réclament – 5. dispensé – 6. cadres supérieurs, hauts fonctionnaires – 7. adeptes – 8. bricolage – 9. citadins, se détendre – 10. nouvelles locales – 11. hebdomadaire – 12. tirage

b) 1. le pasteur – 2. la Pentecôte – 3. ont le droit de vote – 4. pour les fonctionnaires – 5. des vaccins – 6. l'ophtalmologiste – 7. le pédiatre – 8. un Arabe né en France – 9. n'aime pas les étrangers – 10. une célibataire

7 Culture

a) Übersetzung der Wörter in der angegebenen Reihenfolge:
célèbre – admirer – scénario – événement – édifice – sujet – hypocrisie – pitié – public – romancier – spectacle – auteur – suspense – profondeur – rêver – incroyable – vérité

r	ê	v	e	r					
p	i	t	i	é					
s	u	j	e	t					
v	é	r	i	t	é				
d	e	s	t	i	n				
p	u	b	l	i	c				
c	é	l	è	b	r	e			
é	d	i	f	i	c	e			
a	d	m	i	r	e	r			
é	c	r	i	v	a	i	n		
s	c	é	n	a	r	i	o		
s	u	s	p	e	n	s	e		
r	o	m	a	n	c	i	e	r	
s	p	e	c	t	a	c	l	e	
é	v	é	n	e	m	e	n	t	
h	y	p	o	c	r	i	s	i	e
p	r	o	f	o	n	d	e	u	r
i	n	c	r	o	y	a	b	l	e

b) 1. Dans le drame se développe une intrigue / action compliquée entre différents / plusieurs personnages. – 2. Le XVIIe siècle représente le sommet de la tragédie française. – 3. Dans les pièces de Racine, la passion est plus forte que la raison. – 4. La tragédie devait / devrait provoquer (la) terreur et (la) pitié des / chez les spectateurs. – 5. La comédie classique se moque de défauts humains comme l'hypocrisie, l'avarice ou la jalousie. – 6. L'action principale est interrompue par des retours en arrière, des digressions et des actions secondaires. – 7. Cette année, le jury a décerné des prix à un jeune réalisateur et deux vedettes / stars américaines. – 8. La musique rock et pop a la cote chez les / auprès des jeunes. – 9. J'ai un penchant / faible pour la musique de chambre. – 10. L'architecte conçoit le plan de la maison et contrôle / surveille son exécution / sa réalisation.

c) 1. Der Aufbau der klassischen Theaterstücke wurde von der Regel der drei Einheiten bestimmt. – 2. Die Helden der cornelianischen Tragödien lassen sich von ihrem Pflichtgefühl leiten. – 3. Um seine Gemütsbewegungen und Gefühle auszudrücken, bedient sich der Dichter einer bilderreichen Sprache, in welcher (die) Klangwirkungen und (der) Rhythmus eine vorrangige Rolle spielen. – 4. Im Sommer bieten zahlreiche Festspiele Tausenden von Zuschauern die Gelegenheit, hervorragenden Schauspielern zu applaudieren. – 5. Obwohl die Generalprobe ausgezeichnet verlief, hat die Hauptdarstellerin Lampenfieber. – 6. Kinofans schauen lieber Filme in der untertitelten Orginalfassung an. – 7. Die staatlichen Hilfen, von denen der Film in Frankreich profitiert, ermöglichen es jungen Filmschaffenden, sich einen Namen zu machen. – 8. Dieser Kurzfilm wurde vollständig bei Außenaufnahmen gedreht. – 9. Die Jury erkannte diesem Science-fiction-Film einen César für seine guten Trickaufnahmen und Spezialeffekte zu.

8 La France dans le monde

a) 1. la rénovation, Erneuerung – 2. la disparité, Unterschiedlichkeit – 3. entrecouper, unterbrechen – 4. le déséquilibre, Ungleichgewicht – 5. dépasser, übertreffen / übersteigen – 6. la confédération, Staatenbund – 7. la réconciliation, Wiederaussöhnung – 8. surmonter, überwinden – 9. relancer, wiederankurbeln – 10. convaincre, überzeugen

b) 1. un rapprochement, Annäherung – 2. pacifique, friedlich – 3. une assistance, Unterstützung / Hilfe – 4. un coopérant, Entwicklungshelfer – 5. un antagonisme, Gegensatz – 6. une consultation, Beratung – 7. une communauté, (Völker)Gemeinschaft – 8. une résolution, Beschluss 9. un jumelage, (Städte) Partnerschaft – 10. un investissment, Investition

c) 1. échanges, jumelages – 2. bilingues – 3. réunification, 4. importations, exportations – 5. mondialisation, grandes entreprises – 6. domination, aéronautique – 7. union, constitution – 8. citoyenneté – 9. pays membres, élections municipales, résident – 10. abolissent

9 Technologies modernes

a) 1. Je vais lui envoyer un texto / un SMS. – 2. Il s'est acheté un portable. – 3. Airbus a mis au point / développé un nouveau gros-porteur. – 4. La saturation des espaces aériens crée des problèmes. – 5. Les fusées sont propulsées par des combustibles solides ou liquides. – 6. Ariane V, un lanceur géant, a mis en orbite un satellite d'observation. – 7. Des plantes / végétaux transgéniques doivent / devraient augmenter le rendement des surfaces cultivées. – 8. Les ordinateurs personnels sont polyvalents. – 9. Un des avantages du courriel / courrier électronique est la rapidité d'expédition. – 10. Les astronautes-chercheurs font des expériences importantes dans leur laboratoire de l'espace.

b) 1. Die Roboter, die zur Ausführung manueller Tätigkeiten programmiert sind, ermöglichen / erlauben es, die Produktivität zu steigern. – 2. Im Anhang meiner E-Mail habe ich ihm / ihr eingescannte Fotos geschickt. – 3. Die Geschwindigkeit und die einfache Handhabung des Internets haben die Entwicklung der Telearbeit begünstigt. – 4. Wenn du nicht on-line bleiben willst, kannst du dein Dokument downloaden / herunter laden, um es offline zu bearbeiten. – 5. Verbraucher, die den gentechnisch veränderten Organismen feindlich gegenüberstehen, haben ein Feld mit genmanipuliertem Mais verwüstet. – 6. Ich habe eine Freisprechanlage gekauft, um mein Handy beim Autofahren benützen zu können. – 7. Der Flugzeugbau hat seit den ersten Propellerflugzeugen riesige Fortschritte gemacht. – 8. Ich habe meinen Bruder angerufen, doch weil er nicht da war, habe ich ihm eine Nachricht auf seinen Anrufbeantworter gesprochen.

c) 1. le combiné – 2. portable – 3. à réaction – 4. station orbitale – 5. patrimoine génétique – 6. décrypté – 7. le logiciel – 8. graver – 9. internautes – 10. courriel